사회통합프로그램(KIIP)

한국사회 이해

· · · ◆ 기본 탐구활동 ◆ · · ·

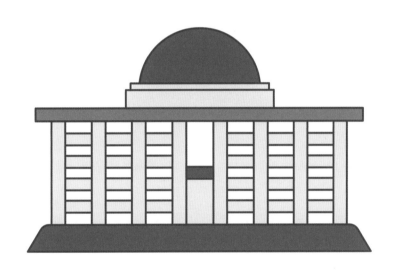

기획 법무부 출입국·외국인정책본부

박영story

발간사

우리나라는 6·25전쟁 이후 한동안 전쟁과 높은 실업률, 지정학적 리스크 등으로 인해 다른 나라로 이주를 가던 나라였으나, 1970년대부터 '한강의 기적'으로 불릴 만큼 단기간에 비약적인 경제성장을 이루게 되면서 어느덧 세계 10대 경제대국의 반열에 이르게 되었고, 이제는 많은 사람들이 이민을 오는 나라가 되어, 현재 국내 체류외국인이 250만 명을 넘어서고 있습니다.

더욱이 저출산·고령사회로 급속하게 진입하면서 지난해 우리나라의 합계출산율은 0.72명에 그쳐 역대 최저치를 기록하는 등 저출산과 고령화로 인한 인구문제, 생산동력 상실, 국가소멸의 위기 상황에 직면하게 되면서 이민정책의 획기적인 전환이 필요한 시점이 되었습니다.

그간 법무부는 이민정책을 총괄하는 부처로서 우리나라에 정착한 외국인이 우리 사회의 구성원으로서 적응·자립할 수 있도록 지원하고, 국민과 서로 상생하며 공존할 수 있도록 하는 것이 무엇보다 중요하다고 생각하여 '체계적인 이민통합 정책'을 추진해 왔습니다.

특히, 2009년부터 시작된 '사회통합프로그램'은 한국어, 한국문화, 한국사회 이해 교육을 통해 이민자가 갖추어야 할 필수적인 기본소양을 체계적으로 함양할 수 있도록 함으로써 사회통합 교육의 가장 핵심적인 역할을 수행해 왔습니다.

시행 첫해인 2009년에 1,331명이 '사회통합프로그램'에 참여하였으며, 코로나로 인해 잠시 주춤했던 시기를 제외하면 매년 증가하다가 엔데믹을 선언한 지난 해에는 58,028명이 참여하여 역대 최다 인원을 기록하기도 하였습니다. 이러한 추세에 비추어 볼 때 외국인 근로자, 유학생, 재외동포 등 참여대상이 확대되고 있는 점을 감안한다면 교육수요는 계속 증가할 것으로 예상됩니다.

이러한 시기에 새롭게 발간되는 사회통합프로그램 교재와 교사용 지도서는 더욱 중요한 의미가 있으며, 이민자들이 이러한 교재들을 널리 활용하여 한국사회에 대한 이해를 높이고, 더욱 더 우리나라에 잘 적응할 수 있는 마중물이 되었으면 하는 바람입니다.

끝으로 교재 발간에 도움을 주신 경인교육대학교 설규주 교수님을 비롯한 산학협력단 연구진과 출판에 도움을 주신 피와이메이트 노현 대표님 등 관계자 분들께 감사드리며, 앞으로도 법무부는 이민자의 안정적인 정착 지원과 사회통합을 위해 노력하겠습니다.

법무부 출입국·외국인정책본부장
이 재 유

일러두기

'사회통합프로그램[KIIP]을 위한 한국사회 이해 탐구활동'은 사회통합프로그램에 참여하는 학습자가 한국사회에 대한 이해 및 한국사회 구성원으로서 지녀야 할 기본 소양과 자질에 대해 배운 내용을 자기주도적으로 학습하고 영주용·귀화용 평가 준비에 도움을 주기 위한 목적으로 제작되었다.

탐구활동은 '사회통합프로그램[KIIP]을 위한 한국사회 이해(기본)' 50개 단원과 '사회통합프로그램[KIIP]을 위한 한국사회 이해(심화)' 20개 단원에 맞춰 형성평가, 구술형 평가, 작문형 평가 등 총 3가지 형태로 구성되어 있다.

형성평가에서는 각 단원에서 배운 내용을 객관식 문항을 통해 확인할 수 있도록 하였고, 구술형 평가에서는 학습자가 각 단원과 관련된 지문을 읽고 자신의 생각이나 경험을 이야기할 수 있는 질문을 제시하였다. 작문형 평가에서는 제시된 주제에 따라 자신의 경험을 바탕으로 직접 글을 작성해 볼 수 있도록 구성하였다.

구성과 특징

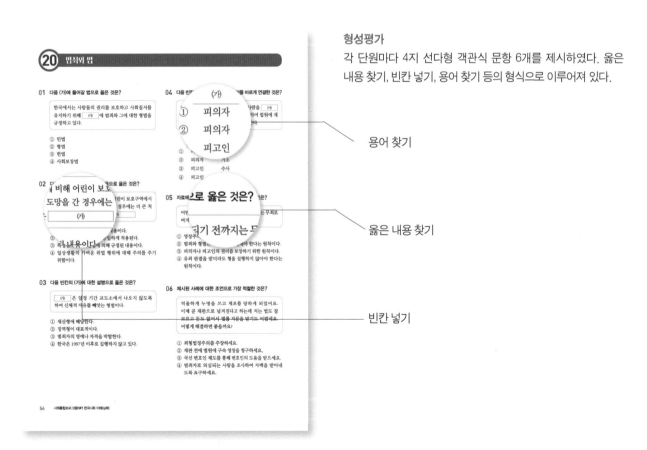

형성평가
각 단원마다 4지 선다형 객관식 문항 6개를 제시하였다. 옳은 내용 찾기, 빈칸 넣기, 용어 찾기 등의 형식으로 이루어져 있다.

용어 찾기

옳은 내용 찾기

빈칸 넣기

구술형 평가

각 단원과 연관되어 있는 지문을 읽고 학습자가 직접 말해 볼 수 있도록 구성하였다. 지문에 담긴 내용을 정리하거나 종합하여 답할 수 있는 질문, 자신의 생각을 정리하여 자유롭게 말해 볼 수 있는 질문, 자신의 고향 나라와 한국을 비교해 볼 수 있는 질문 등으로 이루어져 있다.

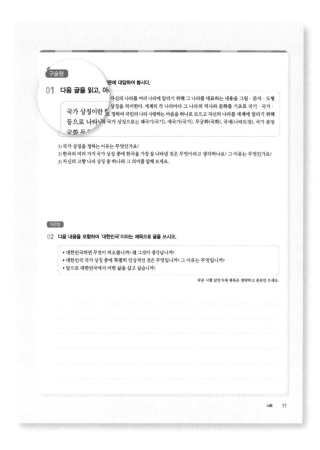

구술형

01 다음 글을 읽고, 아래의 질문에 대답하여 봅시다.

국가 상징이란 한 나라가 자신의 나라를 여러 나라에 알리기 위해 그 나라를 대표하는 내용을 그림·문자·도형 등으로 나타낸 공식적인 상징을 의미한다. 세계의 각 나라마다 그 나라의 역사와 문화를 기초로 국기·국가·국화 등을 국가 상징으로 정하여 국민의 나라 사랑하는 마음을 하나로 모으고 자신의 나라를 세계에 알리기 위해 노력하고 있다. 한국의 국가 상징으로는 태극기(국기), 애국가(국가), 무궁화(국화), 국새(나라도장), 국가 문장 등이 있다.

1) 국가 상징을 정하는 이유는 무엇인가요?
2) 한국의 여러 가지 국가 상징 중에 한국을 가장 잘 나타낸 것은 무엇이라고 생각하나요? 그 이유는 무엇인가요?
3) 자신의 고향 나라 상징 중 하나와 그 의미를 말해 보세요.

작문형

02 다음 내용을 포함하여 '대한민국'이라는 제목으로 글을 쓰시오.

• 대한민국하면 무엇이 떠오릅니까? 왜 그것이 생각납니까?
• 대한민국 국가 상징 중에 특별히 인상적인 것은 무엇입니까? 그 이유는 무엇입니까?
• 앞으로 대한민국에서 어떤 삶을 살고 싶습니까?

작문 시험 답안지에 제목은 생략하고 본문만 쓰세요.

사회 11

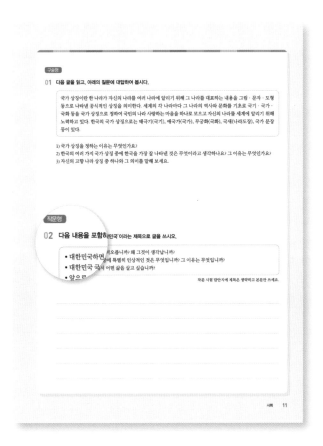

구술형

01 다음 글을 읽고, 아래의 질문에 대답하여 봅시다.

국가 상징이란 한 나라가 자신의 나라를 여러 나라에 알리기 위해 그 나라를 대표하는 내용을 그림·문자·도형 등으로 나타낸 공식적인 상징을 의미한다. 세계의 각 나라마다 그 나라의 역사와 문화를 기초로 국기·국가·국화 등을 국가 상징으로 정하여 국민의 나라 사랑하는 마음을 하나로 모으고 자신의 나라를 세계에 알리기 위해 노력하고 있다. 한국의 국가 상징으로는 태극기(국기), 애국가(국가), 무궁화(국화), 국새(나라도장), 국가 문장 등이 있다.

1) 국가 상징을 정하는 이유는 무엇인가요?
2) 한국의 여러 가지 국가 상징 중에 한국을 가장 잘 나타낸 것은 무엇이라고 생각하나요? 그 이유는 무엇인가요?
3) 자신의 고향 나라 상징 중 하나와 그 의미를 말해 보세요.

작문형

02 다음 내용을 포함하여 '대한민국'이라는 제목으로 글을 쓰시오.

• 대한민국하면 무엇이 떠오릅니까? 왜 그것이 생각납니까?
• 대한민국 국가 상징 중에 특별히 인상적인 것은 무엇입니까? 그 이유는 무엇입니까?
• 앞으로 대한민국에서 어떤 삶을 살고 싶습니까?

작문 시험 답안지에 제목은 생략하고 본문만 쓰세요.

사회 11

작문형 평가

각 단원에서 배운 내용과 자신의 의견이나 경험을 연결하여 직접 글을 작성해 보도록 하였다. 글을 쓸 때 포함할 내용을 질문 형태로 제시하여 그 질문에 답하는 과정에서 자연스럽게 글을 쓸 수 있도록 구성하였다.

차례

제 1 편

사회

01 다음 제시된 것들의 공통점은?

> • 태극기
> • 애국가
> • 무궁화

① 한국의 복지
② 한국의 상징
③ 한국의 기원
④ 한국의 문화

02 태극기에 대한 설명으로 옳은 것은?

① 태극기의 빨강은 불, 파랑은 물을 나타낸다.
② 태극기의 4괘는 존귀, 희망, 평화, 조화를 의미한다.
③ 태극 문양이 중앙에 있고, 주변에 검정색의 4괘가 있다.
④ 태극기는 국경일 및 기념일에만 대문이나 창문에 달 수 있다.

03 한국의 국화와 국가 문장에 대한 설명으로 옳은 것은?

① 국가 문장은 대통령의 권위를 상징한다.
② 무궁화는 나라를 사랑하는 꽃이라는 뜻을 담고 있다.
③ 무궁화는 최근에 한국을 상징하는 꽃으로 지정되었다.
④ 국가 문장은 무궁화와 태극기 모양을 기초로 만들어졌다.

04 다음은 한국의 국가인 애국가의 일부이다. 다음 빈칸에 들어갈 말은?

> 동해물과 백두산이 마르고 닳도록 하느님이 보우하사 우리나라 만세. [　　] 삼천리 화려강산 대한사람 대한으로 길이 보전하세

① 태극기
② 진달래
③ 소나무
④ 무궁화

05 다음 중 아래 글의 내용으로 옳은 것은?

> 대한민국 고유 문자인 한글은 1443년 조선의 세종대왕이 만들었다. 한글의 자음은 혀, 목, 입술 등 발음기관의 모양을, 모음은 하늘(·), 땅(ㅡ), 사람(ㅣ)의 모양을 본떠 만들었다. 자음(14개)과 모음(10개) 모두 24개의 문자를 조합하여 모든 글자를 만들 수 있다.
> 세종대왕이 학자들과 함께 만든 책『훈민정음 해례본』은 한글을 만든 목적이 글을 읽을 줄 모르는 백성이 쉽게 배워 쓸 수 있는 글자를 만드는 것임을 밝히고 있다.『훈민정음 해례본』이 만들어진 날을 기념하여 10월 9일을 한글날로 정해 기념하고 있다. 유네스코에서도 이 책을 세계기록유산으로 지정하였고 세계 곳곳에서 문맹을 없애는 데 공이 큰 사람이나 단체에게 '세종대왕상'이라는 이름의 상을 주고 있다.

① 한글을 만든 후 문맹이 많이 늘어났다.
② 훈민정음 해례본은 세계기록유산에 등재되었다.
③ 한글의 자음은 하늘, 땅, 사람의 모양을 본떠 만들었다.
④ 한국 정부는 세종대왕이 태어난 날을 한글날로 지정하였다.

06 한국의 국경일 중 국가를 위해 자신의 목숨을 바친 분들을 기리는 날은?

① 삼일절
② 현충일
③ 제헌절
④ 광복절

01 다음 글을 읽고, 아래의 질문에 대답하여 봅시다.

> 국가 상징이란 한 나라가 자신의 나라를 여러 나라에 알리기 위해 그 나라를 대표하는 내용을 그림·문자·도형 등으로 나타낸 공식적인 상징을 의미한다. 세계의 각 나라마다 그 나라의 역사와 문화를 기초로 국기·국가· 국화 등을 국가 상징으로 정하여 국민의 나라 사랑하는 마음을 하나로 모으고 자신의 나라를 세계에 알리기 위해 노력하고 있다. 한국의 국가 상징으로는 태극기(국기), 애국가(국가), 무궁화(국화), 국새(나라도장), 국가 문장 등이 있다.

1) 국가 상징을 정하는 이유는 무엇인가요?
2) 한국의 여러 가지 국가 상징 중에 한국을 가장 잘 나타낸 것은 무엇이라고 생각하나요? 그 이유는 무엇인가요?
3) 자신의 고향 나라 상징 중 하나와 그 의미를 말해 보세요.

작문형

02 다음 내용을 포함하여 '대한민국'이라는 제목으로 글을 쓰시오.

> • 대한민국하면 무엇이 떠오릅니까? 왜 그것이 생각납니까?
> • 대한민국 국가 상징 중에 특별히 인상적인 것은 무엇입니까? 그 이유는 무엇입니까?
> • 앞으로 대한민국에서 어떤 삶을 살고 싶습니까?

작문 시험 답안지에 제목은 생략하고 본문만 쓰세요.

2 가족

01 〈보기〉의 (가), (나)에 들어갈 용어로 적절한 것은?

| 〈보기〉 |
| 과거에는 결혼 후에도 부모와 같이 사는 자녀가 많아 조부모, 부모, 자녀 등 여러 세대의 가족이 같이 모여 사는 (가) 형태가 일반적이었다. 그러나 산업화가 되고, 결혼한 자녀가 부모와 함께 사는 경우가 크게 줄면서, 부모와 미혼 자녀가 함께 사는 (나) 의 모습을 주로 볼 수 있다. |

	(가)	(나)
①	확대가족	2인 가구
②	2인 가구	핵가족
③	핵가족	확대가족
④	확대가족	핵가족

02 한국 가족 형태의 변화에 대한 설명으로 옳은 것은?

① 결혼하는 연령이 점점 낮아지고 있다.
② 과거에는 부모와 떨어져 지내는 경우가 많았다.
③ 결혼한 자녀들이 부모와 함께 사는 경우가 크게 줄었다.
④ 1인 가구나 부부만 사는 경우의 비율이 줄어들고 있다.

03 한국 가족 문화의 특징으로 옳은 것은?

① 효 사상과 유교의 영향을 받았다.
② 개인의 행복을 제일 중요시 여긴다.
③ 웃어른과의 평등한 관계를 당연하게 생각한다.
④ 요즘은 과거와 달리 집안일이나 아이 키우는 일은 주로 여성이 담당한다.

04 다음 빈칸에 알맞은 단어는?

| 한국에서는 가족관계에서 서로를 부르는 [   ]이 있다. 부부 간에는 주로 '여보', '당신'이라고 부르거나 아이가 있을 경우 아이의 이름을 사용하여 '○○ 아빠', '○○엄마'라고 부르기도 한다. |

① 호칭　　　　② 친족
③ 자격　　　　④ 사촌

05 다음 중 아래 글의 내용으로 옳은 것은?

| 배우자의 부모님은 '아버님', '어머님'이라고 부르는데, 다른 사람 앞에서 배우자의 부모님을 지칭할 때는 아내는 남편의 부모님을 '시아버지', '시어머니'라고 하고 남편은 아내의 부모님을 '장인어른', '장모님'이라고 부른다. 시부모는 아직 아이를 낳지 않은 며느리를 보통 '(새)이기'라고 부른다. 아이를 낳고 나면 며느리를 '어멈아', 아들을 '애비야'라고도 부른다. 아내의 부모는 사위를 부를 때 사위의 성을 앞에 붙여서 '○서방'이라고 부른다. 예를 들어, 사위가 박 씨이면, '박서방'이라고 한다. 최근에는 양성평등의 정신을 더욱 잘 실현하기 위해 아내의 가족과 남편의 가족에 대한 호칭 구분을 없애자는 제안이 나오고 있다. |

① 시아버지와 장인어른은 같은 사람을 가리킨다.
② 아내의 부모는 사위를 부를 때 '애비'라고 부른다.
③ 시부모는 아직 아이를 낳지 않은 며느리를 '어멈'이라고 부른다.
④ 최근에는 아내의 가족과 남편 가족의 호칭을 구분하지 말자는 제안이 나오고 있다.

06 나의 여동생의 자녀와 내 자녀는 몇 촌인가?

① 1촌
② 2촌
③ 3촌
④ 4촌

01 다음 글을 읽고, 아래의 질문에 대답하여 봅시다.

> 한국인은 개인의 행복 못지않게 가족 간의 유대관계를 중요하게 생각한다. 그래서 명절, 조상의 제삿날, 가족(부모)의 생일, 어버이날 등이 되면 멀리 떨어져 있던 가족들도 한자리에 모이는 경우가 많다. 전통적인 한국의 가족은 유교, 효 사상 등의 영향으로 가족 구성원 간의 서열이나 역할 등을 명확하게 나누는 편이었다. 그러나 사회 변동과 함께 가족 형태와 가치관이 달라지면서 가족 구성원의 역할과 가족 문화에도 변화가 생겼다. 예를 들어, 남자 어른 혼자서가 아니라 가족 구성원이 함께 의논하여 가족의 중요한 일을 결정하거나, 집안일이나 아이를 키우는 일에 부부가 함께 참여하는 모습이 늘어나고 있다. 또한, 명절이나 생일에 가족들이 한 집에 모이는 대신 가족 여행을 가는 경우도 많아지고 있다.

1) 한국에서 가족 간의 유대관계를 중요하게 여기는 모습의 예로는 어떤 것이 있나요?
2) 전통적인 한국의 가족과 오늘날 한국의 가족은 어떤 모습이 다른가요?
3) 한국의 가족 문화와 자신의 고향 나라 가족 문화의 차이점과 공통점은 각각 무엇인가요?

02 다음 내용을 포함하여 '나의 가족'이라는 제목으로 글을 쓰시오.

> • 가족 중 나에게 많은 영향을 끼친 사람은 누구입니까? 그 이유는 무엇입니까?
> • 자신의 가족이 가지고 있는 특징이나 가족의 독특한 문화는 무엇입니까?
> • 나의 가족에게 고마운 점은 무엇입니까?

작문 시험 답안지에 제목은 생략하고 본문만 쓰세요.

3 일터

01 한국에서 사람들이 직업을 갖고 일을 하는 이유로 적절하지 <u>않은</u> 것은?

① 자아실현을 위해
② 사회 공헌을 위해
③ 대학 진학을 위해
④ 경제적 필요를 채우기 위해

02 한국의 일터에 대한 설명으로 옳은 것은?

① 15세 이상의 사람은 대부분 일을 하고 있다.
② 공무원이나 공기업 직원에 대한 인기는 높지 않다.
③ 근무 기간이나 근무 환경이 안정적인 일터를 선호하는 편이다.
④ 직장에서 은퇴한 후에는 취미활동을 하느라 더 이상 일을 하지 않는다.

03 〈보기〉의 (가), (나)에 들어갈 용어로 적절한 것은?

〈보기〉
대부분의 한국 직장에서는 월요일에서 금요일까지 일하는 [(가)] 가 적용되지만 일터의 특성상 주말에 일을 해야 하는 경우는 평일에 쉬기도 한다. 경찰서, 소방서, 병원, 공항 등 서비스가 24시간 유지 되어야 하는 곳에서는 직원들이 번갈아 가며 근무하는 [(나)] 를 한다.

	(가)	(나)
①	주 5일제	교대 근무
②	주 52시간제	시간외 근무
③	주 5일제	시간외 근무
④	주 52시간제	교대 근무

04 한국 여성의 경제 활동 관련 설명으로 옳은 것은?

① 남녀의 대학 진학률은 큰 차이가 나고 있다.
② 직업별로 성별 구분이 더욱 뚜렷해지고 있다.
③ 여성의 사회 진출이 활발해지면서 맞벌이 부부가 줄고 있다.
④ 출산과 양육으로 경력이 단절된 여성들의 재취업을 지원하는 정책이 시행되고 있다.

05 다음 빈칸에 공통으로 들어갈 말은?

한국에서는 근무를 마친 후에 종종 회사 직원들끼리 식사하는 [   ]을/를 한다. 회사 직원들끼리 친밀한 관계를 형성하기 위해서 또는 축하나 위로를 받아야 할 직장 동료가 있을 때 [   ]을/를 주로 하는 편이다.

① 회의
② 환영
③ 공감
④ 회식

06 다음 빈칸에 들어갈 내용으로 가장 적절한 것은?

회식 하는 날에는 직원들이 함께 모여 식사를 하며 이야기하느라 회식이 밤늦게까지 이어지는 경우가 많았다. 최근에는 일과 삶의 균형을 추구하는 문화, 개인의 의사를 존중하는 문화가 확산되면서 [   ]. 회식을 하더라도 술이나 식사 대신 직장 동료들과 함께 영화나 공연, 스포츠를 즐기는 등 모두가 참여해서 즐길 수 있는 방식이 늘어나고 있다.

① 회식의 빈도가 줄어드는 경향이 있다
② 회식에 참여하는 사람들이 점점 많아지고 있다
③ 한국 직장생활에서 회식은 중요한 문화가 되었다
④ 술자리를 싫어하는 직장인들에게 참석을 권장하고 있다

01 다음 글을 읽고, 아래의 질문에 대답하여 봅시다.

차의 주인이 일정 금액을 내고 요청하면 차를 대신 운전해주는 사람을 대리운전기사라고 하는데 한국 특유의 회식문화로 인해 대리운전 전문 회사가 생겨나기 시작했다. 주로 밤 시간에 일하고, 운전면허가 있으면 일할 수 있어 본인의 직업 외에 겸업하는 사람들도 많다. 한편, 1인 가구와 맞벌이 가구가 증가하면서 인터넷으로 물건을 주문하면 새벽에 배송해주는 산업도 크게 성장하고 있다. 이에 따라 새벽배송 일에 종사하는 사람들의 수도 많아졌다.

1) 대리운전과 새벽배송은 각각 어떤 일을 가리키나요?
2) 윗글에 제시된 것 외에 한국에만 있는 특별한 직업이나 일터의 예로는 어떤 것이 있나요?
3) 한국과 비교하여 자신의 고향 나라에만 있는 특별한 직업이나 일터에 대해 소개해 보세요.

02 다음 내용을 포함하여 '내가 하고 싶은 일'이라는 제목으로 글을 쓰시오.

- 앞으로 한국에서 어떤 일을 하고 싶습니까?
- 왜 그 일을 하고 싶습니까?
- 그 일을 하기 위해서 무엇을 준비하고 있습니까?

작문 시험 답안지에 제목은 생략하고 본문만 쓰세요.

01 다음에 제시된 것들의 공통점은?

> • 우편
> • 전화
> • 인터넷

① 교통 수단
② 정보 수단
③ 운송 수단
④ 통신 수단

02 한국의 교통수단에 대한 설명으로 옳은 것은?

① 고속철도에는 무궁화호, 새마을호가 있다.
② 대중교통 요금은 현금이나 교통카드로 지불한다.
③ 가까운 곳으로 이동할 때는 고속버스나 시외버스를 이용하는 것이 좋다.
④ 환승 할인 제도란 교통수단을 이용한 수만큼 요금을 내도록 하는 제도이다.

03 대중교통 이용을 장려하는 제도로 보기 어려운 것은?

① 환승 할인 제도
② 주 5일 근무제도
③ 버스 전용차로제
④ 버스 도착 안내 서비스

04 다음 빈칸에 알맞은 단어는?

> 주민들의 편의를 도모하고, 교통체증, 대기오염 문제를 해결하기 위해 각 지방자치단체에서는 ____를 누구나, 언제나, 어디서나 쉽고 편리하게 이용할 수 있는 무인대여 시스템을 운영하고 있다.

① 택시
② 자동차
③ 자전거
④ 오토바이

05 다음 중 아래 글의 내용으로 옳은 것은?

> 피싱(Phishing)이란 개인정보(Private Data)를 낚는다(Fishing)라는 의미를 가진 말로 전화, 문자, 메신저, 가짜사이트 등 통신수단을 이용하여 개인정보나 금융정보를 알아낸 후 현금을 빼 가는 것을 말한다. 이 중 전화를 이용한 것은 보이스 피싱(VoicePhishing)이라고 하며, 문자 메시지(sms)를 통해 악성 앱을 설치하여 현금을 빼 가는 것은 스미싱(Smishing)이라고 한다. 악성 앱 설치가 의심되면 먼저 모바일 백신으로 악성 앱을 삭제하고 이동통신사에 모바일 결제 내역이 있는지 확인해야 하며 KISA 개인정보침해 신고센터(국번없이 118)에 신고한다.

① 악성 앱 설치가 의심되면 119에 신고한다.
② 피싱 피해가 발생하면 개인정보침해 신고센터에 신고한다.
③ 보이스 피싱이란 문자 메시지를 통해 현금을 빼 가는 것을 의미한다.
④ 스미싱이란 전화를 이용해 개인정보를 알아낸 후 현금을 빼 가는 것을 말한다.

06 고속도로나 시내 도로에서 버스만 이용할 수 있는 길을 정해 버스가 원활하게 통행할 수 있도록 하는 제도는?

① 버스 도로우선제
② 버스 전용차로제
③ 버스 환승할인제
④ 버스 교통우대제

01 다음 글을 읽고, 아래의 질문에 대답하여 봅시다.

> 한국에는 다양한 대중교통 수단이 발달해 있다. 가까운 곳으로 이동할 때는 주로 버스, 지하철, 택시를 이용하고 먼 거리를 이동할 때는 기차, 고속버스나 시외버스, 배, 비행기 등을 이용한다. 한국에서는 대중교통 이용을 권장하기 위해 환승 할인 제도, 버스 도착 안내 서비스, 버스 전용차로제와 같은 제도를 시행하고 있다. 환승 할인 제도란 다른 교통수단으로 갈아탈 때 요금을 할인해 주는 제도이다. 이동 중에 교통수단을 변경하더라도 전체 이용거리에 따라 요금을 내도록 하여 대중교통을 이용하는 사람들의 교통비 부담을 덜어준다. 버스 도착 안내 서비스는 버스 정류장의 전광판을 통해 버스 도착 시각과 혼잡 정도를 미리 알려 주어서 버스를 보다 편리하게 이용할 수 있도록 한다. 버스 전용차로제는 도로의 차로 중 버스만 이용할 수 있는 전용차로를 정해 버스가 원활히 통행할 수 있도록 하는 제도이다.

1) 한국에서 대중교통 이용을 권장하기 위해 실시하고 있는 제도에는 어떤 것이 있나요?
2) 한국에서 자신이 자주 이용하는 교통수단은 무엇인가요? 그 교통수단의 편리한 점이나 불편한 점은 무엇인가요?
3) 한국의 교통수단과 비교하여 자신 고향 나라의 교통수단은 어떤 특징이 있나요?

02 다음 내용을 포함하여 '인터넷 사용'이라는 제목으로 글을 쓰시오.

> • 평소에 인터넷을 주로 언제, 어떤 목적으로 사용합니까?
> • 자신이 생각하는 인터넷의 좋은 점과 좋지 않은 점은 무엇입니까?
> • 인터넷의 좋지 않은 점을 보완할 수 있는 방법은 무엇입니까?

작문 시험 답안지에 제목은 생략하고 본문만 쓰세요.

01 다음 빈칸에 알맞은 단어는?

> 단독 주택은 보통 한 가구가 독립적으로 생활할 수 있도록 집을 한 채씩 각각 지은 형태를 말한다. 단독 주택에는 여러 가구가 각각의 독립적인 공간을 차지하며 살 수 있도록 지은 ☐☐☐☐도 포함된다.

① 연립 주택　　② 전원 주택
③ 다가구 주택　　④ 다세대 주택

02 한국 주거문화에 대한 설명으로 옳은 것은?

① 과거에는 공동 주택이 대부분이었다.
② 아파트는 층간소음이 심해 사람들이 선호하지 않는다.
③ 도시에 인구가 집중되면서 단독 주택에 사는 가구 수가 늘고 있다.
④ 1인 가구, 2인 가구가 늘면서 소형 주택에 대한 수요도 증가하고 있다.

03 정부에서 경제적으로 어려운 사람들이 비교적 저렴한 가격에 집을 사거나 빌릴 수 있도록 지원하는 공동주택은?

① 공공 아파트
② 공공 전세 주택
③ 공공 연립 주택
④ 공공 임대 주택

04 다음 빈칸에 알맞은 단어는?

> 공동 주택은 한 건물에 여러 가구가 각각 독립된 생활을 할 수 있게 만든 집의 형태를 말한다. 다세대 주택, 연립 주택, 아파트 등 있다. 연립 주택은 ☐☐☐☐층 이하의 주택으로, 종종 지하 1층에도 주거공간이 있는 경우가 있다.

① 2　　② 3
③ 4　　④ 5

05 다음 중 아래 글의 내용으로 옳은 것은?

> 한국에서 집에 거주하는 형태는 자가, 전세, 월세로 나눌 수 있다. 자가는 자기가 소유한 집에 살고 있는 것을 말한다. 전세는 집주인에게 일정한 돈을 보증금으로 맡기고 계약기간 동안 집이나 방을 빌려 쓰는 방식으로 한국에서만 널리 활용된다. 월세는 집주인에게 매달 일정한 돈을 내고 집이나 방을 빌려 쓰는 방식이다. 월세의 경우도 어느 정도의 보증금을 내야 하는 경우가 많은데 그 금액은 전세에 비해 적다. 최근에는 전세와 월세를 혼합한 반전세라는 방식도 많아지고 있는데 반전세는 보증금은 전세보다는 적고 월세보다는 많은 편이다.

① 최근 반전세는 거의 없어지고 있다.
② 전세는 한국에서 고유하게 발달한 임대 방법이다.
③ 전세는 집주인에게 매달 일정한 돈을 내고 집이나 방을 빌려 쓰는 것이다.
④ 월세는 집주인에게 일정한 돈을 보증금으로 맡기고 계약기간 동안 집을 빌려서 거주하는 것이다.

06 한국의 주거와 관련된 설명으로 옳지 <u>않은</u> 것은?

① 부동산 사이트를 이용할 경우 시간과 비용이 더 많이 든다.
② 한국인들이 주거 선택에서 중요시하는 것 중 하나는 편리한 대중교통이다.
③ 집을 사거나 구할 때는 부동산 중개업소를 통해 알아보는 것이 안전하다.
④ 전세계약은 보통 2년 단위로 하며 계약기간이 끝나면 보증금 전액을 돌려받을 수 있다.

01 다음 글을 읽고, 아래의 질문에 대답하여 봅시다.

> 한국에서 집을 사거나 전세 또는 월세를 구할 때는 부동산 중개업소를 통해 알아보는 것이 안전하다. 부동산을 거래할 때 확인해야 할 사항들을 대신 확인해 주기도 하고, 계약할 때 필요한 서류들을 준비해 주기도 하며 법적인 문제에서 보다 안전하게 거래할 수 있다. 최근에는 부동산 중개업소를 통하지 않고 당사자끼리 직접 만나 계약하는 부동산 직거래도 많아졌다. 중개 비용을 아낄 수 있는 장점이 있지만 위험한 부분도 있기 때문에 주의해야 한다. 예를 들어, 무조건 싼 매물을 찾아 직거래를 하다 보면 실제 집주인이 아닌 사람과 계약을 하거나 이미 누군가와 계약을 앞두고 있는 집을 소개받을 수도 있으므로 꼼꼼히 살펴봐야 한다.

1) 한국에서 집을 구할 때 부동산 중개업소를 이용하는 것은 직거래에 비해 어떤 장점이 있나요?
2) 한국에서 집을 구할 때, 계약할 때, 또는 집에 살면서 좋았거나 불편했던 경험을 말해 보세요.
3) 한국에서 집을 구하는 방법과 자신의 고향 나라에서 집을 구하는 방법을 비교해서 말해 보세요.

02 다음 내용을 포함하여 '주거 선택'이라는 제목으로 글을 쓰시오.

> • 자신의 고향 나라에서 주거 선택 시 가장 중요시하는 점은 무엇입니까?
> • 한국에서 집을 선택할 때 자신이 중요하게 여기는 점은 무엇입니까? (교통, 편의시설, 환경 등)
> • 자신이 생각하는 좋은 집이란 어떤 것입니까?

작문 시험 답안지에 제목은 생략하고 본문만 쓰세요.

6 도시와 농촌

01 다음에 제시된 것들의 공통점은?

> • 정미소
> • 마을 회관
> • 농산물 저장 창고

① 이촌향도　　　　② 농촌 생활
③ 도시 문제　　　　④ 대도시 발달

02 한국의 도시에 대한 설명으로 옳은 것은?

① 총인구 중 약 50%가 도시에 거주하고 있다.
② 낡고 오래된 주택은 모두 허물고 새로 짓고 있다.
③ 한국의 도시화는 1990년대 이후 이루어지기 시작했다.
④ 수도권은 대표적인 도시화 지역으로 인구가 집중되어 있다.

03 교통 혼잡 지역을 통행하는 자가용을 대상으로 통행료를 받는 제도는?

① 혼잡통행료 제도　　　② 버스 전용차로제
③ 자동차 요일 지정제　　④ 대중교통 환승할인 제도

04 〈보기〉의 (가), (나)에 들어갈 용어로 적절한 것은?

> 많은 도시에서 교통 혼잡, 환경 오염, 주택 부족 등과 같은 ［ (가) ］가 발생한다. 이를 해결하기 위해 특히 서울 주변에 ［ (나) ］를 많이 건설하였다. 이를 통해 서울의 주거 시설, 공업 지역, 군사 시설 등이 주변 지역으로 분산되도록 하였다.

	(가)	(나)
①	도시 문제	대도시
②	농촌 문제	위성 도시
③	도시 문제	위성 도시
④	농촌 문제	대도시

05 다음 중 아래 글의 내용으로 옳은 것은?

> 젊은 사람들이 취업이나 교육 등의 이유로 농촌을 떠나면서 농촌 인구에서 노인이 차지하는 비율이 점점 늘어나는 고령화 현상으로 농촌에서 일손 구하기가 어려워졌다. 그래서 지방자치단체에서는 귀농을 하려는 사람들이 농촌에 잘 적응하며 살아갈 수 있도록 농촌 생활에 대한 다양한 정보를 제공하고 적극적으로 지원하고 있다. 또한 새로운 기술이나 품종을 개발하여 품질 좋은 농산물을 생산함으로써 소득을 높이며 농업의 기계화, 자동화로 일손 부족 문제를 해결하고 있다. 농촌에 사는 사람들의 편리한 생활을 위하여 폐교, 마을 회관 등을 문화 시설로 개조하기도 하고 병 · 의원 등과 같은 편의 시설을 늘리고 있다. 또한 인터넷 등과 같은 정보화 교육을 실시하기도 한다.

① 농촌 인구에서 노인이 차지하는 비율이 점점 줄어들고 있다.
② 젊은 사람들이 취업이나 교육 등의 이유로 도시를 떠나고 있다.
③ 농촌의 일손 부족 문제를 해결하기 위해 농업의 기계화, 자동화에 힘쓰고 있다.
④ 지방자치단체에서는 귀농을 하려는 사람들을 위해 정보화 교육을 실시하고 있다.

06 농촌 문제에 대한 대책이 <u>아닌</u> 것은?

① 귀농 지원
② 신도시 건설
③ 편의 시설 확대
④ 정보화 교육 실시

01 다음 글을 읽고, 아래의 질문에 대답하여 봅시다.

> 도시는 주요 국가기관과 기업, 교육 · 문화 · 의료 · 여가 시설 등이 잘 갖추어져 있어 생활에 편리하다. 그러나 인구와 기능이 지나치게 도시에 집중되면서 교통, 환경, 주택 관련 다양한 문제가 발생하고 있다. 농촌은 대체로 함께 농사를 지으며 서로 돕고 오랜 시간을 같이 살아왔기 때문에 지역 주민 간에 친밀한 관계가 많이 나타난다. 그러나 젊은 사람들이 공부, 취업, 결혼 등을 위해 농촌을 떠나면서 농촌 인구에서 노인이 차지하는 비율이 점점 늘어나는 고령화 현상이 심해지고 있다. 이에 따라 농촌에서 일손 구하기가 더욱 어려워졌다.

1) 한국의 도시와 농촌에서 나타나는 대표적인 문제는 무엇인가요?
2) 도시와 농촌 중에서 어디에 살고 싶은가요? 그 이유는 무엇인가요?
3) 한국의 도시나 농촌과 비교하여 자신 고향 나라의 도시나 농촌의 특징을 말해 보세요.

02 다음 내용을 포함하여 '도시와 농촌 문제해결'이라는 제목으로 글을 쓰시오.

> • 본인이 살고 있는 지역은 도시입니까, 농촌입니까? 이 지역에는 어떤 문제점이 있습니까?
> • 본인이 살고 있는 지역의 문제를 해결하기 위해 정부나 지방자치단체, 지역 주민은 어떤 노력을 하고 있습니까?
> • 지역의 문제를 해결하기 위해 앞으로 실시되면 좋겠다고 생각하는 제도나 정책은 무엇입니까?

작문 시험 답안지에 제목은 생략하고 본문만 쓰세요.

01 다음에 제시된 것들의 공통점은?

- 고용보험
- 국민연금
- 산업재해 보상보험

① 사회보험
② 건강보험
③ 공공부조
④ 기초생활보장제도

02 〈보기〉의 (가), (나)에 들어갈 용어로 적절한 것은?

| 〈보기〉 |

(가) 은/는 생활이 어려운 사람들의 기본적인 생활수준을 보장해 주기 위해 국가나 지방자치단체에서 생활비, 교육비, 의료비 등을 지원해 주는 제도이다. 그 외에 갑작스럽게 어려운 일을 당해 생계 유지가 곤란한 저소득층 가구를 지원하는 (나) 제도도 있다.

	(가)	(나)
①	사회보험	공공부조
②	사회보험	긴급 복지 지원
③	공공부조	긴급 복지 지원
④	공공부조	사회보험

03 한국 사회복지 제도의 설명으로 옳은 것은?

① 국민연금은 의료비의 일부를 지원해 준다.
② 건강보험은 나이가 들어 돈을 벌기 어려울 때 생활비를 지원해 준다.
③ 취직보험은 해고되었을 때 다시 취직을 할 때까지 금전적 지원을 해 준다.
④ 산업재해 보상보험은 회사에서 일하다가 다쳤을 때 병원비 등 피해에 대해 보상해 준다.

04 다음 빈칸에 알맞은 기관은?

□□□□는 신분증 관련 업무, 체류기간 연장이나 체류자격 변경 등 체류허가 관련 업무, 귀화시험이나 국적 취득 등 국적 관련 업무 등 한국에 거주하는 외국인의 출입국 행정 민원 상담과 정보를 다국어로 지원하는 곳으로 전화번호는 1345이다.

① 다누리콜센터
② 외국인종합안내센터
③ 다문화가족지원센터
④ 외국인노동자지원센터

05 다음 중 아래 글의 내용으로 옳은 것은?

재외동포 A씨는 회사에 다니며 나이가 많은 홀어머니를 모시고 있었다. 수개월간 약 500만원의 임금이 밀렸지만 사장으로부터 돈을 받지 못해 A씨는 생활에 어려움을 겪던 중 외국인종합안내센터(1345 콜센터)가 제공하는 '마을변호사–외국인' 간 무료 통역 서비스를 통해 법률 자문을 받았다. 그 결과 그동안 밀린 임금을 모두 받을 수 있었다. 외국인종합안내센터에서는 법무부에서 지정한 변호사가 센터 상담사의 통역 지원을 받아 언어장벽과 정보 부족으로 법률 서비스를 이용하기 어려운 외국인에게 법률 상담을 제공하고 있다.

① 한국에서 수개월 월급이 밀리면 받을 수 있는 방법이 없다.
② 외국인종합안내센터에서는 외국인의 재판 관련 일을 대신 진행해 준다.
③ 외국인종합안내센터에서는 변호사와 외국인 간 통역 서비스를 지원해준다.
④ 외국인종합안내센터에서는 주로 다문화 가족 자녀 언어발달 서비스 제공을 담당한다.

06 한국에 살고 있는 외국인 중 공공부조가 적용될 수 있는 사례에 해당하지 <u>않는</u> 사람은?

① 대한민국 국민과 결혼한 사람
② 대한민국 기업에 취직한 사람
③ 법에 따라 난민으로 인정된 사람
④ 대한민국 국적을 가진 자녀를 돌보고 있는 사람

01 다음 글을 읽고, 아래의 질문에 대답하여 봅시다.

> 한국에서는 외국인들이 한국 생활에 잘 적응하고 한국에서 주체적으로 살아갈 수 있도록 무료로 한국어와 한국 문화를 배울 수 있는 프로그램도 운영되고 있다. 또한 임신을 한 상태이거나 출산을 앞둔 여성 결혼이민자는 자신과 신생아의 건강관리 서비스를 받을 수 있다. 이외에 한국에 체류하는 외국인의 어려움을 상담하고, 문제 해결 방법을 지원하는 상담서비스(가족, 노동, 체류, 법률 상담 등)를 제공하기도 한다. 다문화가족과 외국인을 지원하는 기관으로는 대표적으로 법무부의 외국인종합안내센터, 여성가족부의 다누리콜센터, 다문화가족지원센터 등이 있다. 외국인종합안내센터(1345)는 한국에 거주하는 외국인의 출입국 행정 민원 상담과 정보를 다국어로 지원한다. 다누리콜센터(1577-1366)는 국내에 거주하는 다문화 가족·이주여성에게 필요한 한국 생활 정보를 제공하고, 위기상담 및 긴급 지원 등을 다국어로 지원한다.

1) 한국에서 외국인의 한국 생활 적응을 돕는 프로그램이나 서비스의 예로는 어떤 것이 있나요?
2) 한국에서 이용해 본 (혹은 이용해 보고 싶은) 다문화 가족이나 외국인 지원 서비스나 기관은 무엇인가요? 그 서비스나 기관은 어떤 특징이 있나요?
3) 다문화가족이나 외국인에게 지원되었으면 좋겠다고 생각하는 복지 서비스를 말해 보세요.

02 다음 내용을 포함하여 '사회복지'라는 제목으로 글을 쓰시오.

> • 한국에서 어려움을 겪었던 적, 다른 사람이나 기관의 도움이 필요했던 적은 언제였습니까? 어떤 상황이었습니까?(아팠거나, 일하다가 다쳤거나, 회사를 그만두게 되었거나 등)
> • 자신이 가입되어 있는 (혹은 알고 있는) 한국의 사회보험 제도는 무엇입니까?
> • 자신 고향 나라의 사회복지 제도와 비교할 때 한국 사회복지 제도의 특징은 무엇입니까?

작문 시험 답안지에 제목은 생략하고 본문만 쓰세요.

01 다음에 제시된 것들의 공통점은?

- 보건소
- 한의원
- 동네의원
- 종합병원

① 행정 기관
② 교육 기관
③ 복지 기관
④ 의료 기관

02 〈보기〉의 (가), (나)에 들어갈 용어로 적절한 것은?

| 〈보기〉 |

감기나 소화기 장애 등 병이 심각하지 않은 경우 보통 (가) 에 가서 진료를 받는다. 내과, 소아과, 피부과, 안과, 치과, 정형외과 등 아픈 증상에 따라 병원을 선택하면 된다. (나) 은/는 지역 주민의 건강과 질병 예방 및 관리를 위해 국가가 운영하는 공공 보건기관이다. 예방 접종이나 각종 질병 검사 등을 할 수 있으며 일반 병원보다 진료비가 싸다.

	(가)	(나)
①	보건소	동네의원
②	동네의원	보건소
③	동네의원	종합병원
④	종합병원	보건소

03 한국의 의료제도에 대한 설명으로 옳은 것은?

① 병이 심각하지 않은 경우 종합병원에 가면 된다.
② 보건소는 한국의 전통의학을 이어받은 공공 보건기관이다.
③ 동네의원에서 진료의뢰서를 받으면 종합병원에서 진료를 받을 수 있다.
④ 밤에 갑자기 아프거나 응급 상황에 처하게 되었을 경우 112에 전화하면 된다.

04 다음 빈칸에 공통으로 들어갈 제도는?

한국은 소득 및 재산 등에 따라 매달 일정 금액의 보험료를 납부하는 [   ] 제도를 실시하고 있다. [   ]에 가입하면 질병 관련 검사, 치료, 아이 출산 등과 같이 병원이나 약국을 이용할 때 진료비의 일부를 지원받기 때문에 적은 비용으로 의료 기관을 이용할 수 있다.

① 건강보험
② 건강검진
③ 전통의학
④ 의료급여

05 다음 중 아래 글의 내용으로 옳은 것은?

한국은 국가 재난 관리를 담당하는 행정안전부를 중심으로 중앙부처 · 지방자치단체 · 공공기관이 다양한 재난에 대비하고 있다. 매년 중앙부처, 지자체, 공공기관 등이 합동으로 「재난 대응 안전 한국 훈련」을 실시하고 있으며, 학교, 유치원 등과 같은 교육 기관에서도 지진대피, 화재 대피 훈련 등 재난 대비 훈련을 의무적으로 실시해야 한다. 이를 통해 화재, 전염병, 해로운 화학 물질 유출, 원전안전사고 등에 대한 대응 매뉴얼을 직접 실천하는 기회를 가지고 있다.

① 국가에서 하는 정기적 훈련은 매달 1회 실시한다.
② 한국은 법무부를 중심으로 재난 대비 훈련을 실시하고 있다.
③ 재난 대비 훈련은 재난이 예상될 때만 계획을 세워 실시한다.
④ 훈련의 종류로는 지진 대피, 화재 대피, 비상 대비 훈련 등이 있다.

06 안전한 직장 생활을 위한 방법으로 적절하지 않은 것은?

① 작업장과 주변 통로를 자주 청소한다.
② 비상시에는 안전신문고를 통해 신고한다.
③ 비상구와 구급상자, 소화기 위치를 확인한다.
④ 작업할 때는 작업복, 안전모, 안전화 등 보호 장구를 착용한다.

01 다음 글을 읽고, 아래의 질문에 대답하여 봅시다.

> 의료기관의 종류에는 동네의원, 보건소, 종합병원 등이 있다. 병이 심하지 않은 경우에는 동네의원에 가서 진료를 받는다. 보건소는 지역 주민의 건강과 질병 예방 및 관리를 위해 국가가 운영하는 공공 보건기관이다. 동네의원을 통해 치료를 받았는데도 병이 잘 낫지 않거나 보다 정밀한 검사를 필요로 하는 경우에는 동네의원이나 보건소에서 진료의뢰서를 받아 종합병원에 가서 진료를 받을 수 있다. 서양 의학 이외에 한국의 전통의학을 활용한 한의원이나 한방병원도 이용할 수 있다. 갑자기 크게 아프거나 다쳤는데 직접 병원에 가기 어려운 경우에는 119에 전화할 수 있다. 그러면 119 대원이 찾아와 기본적인 응급 처치를 한 후 응급차로 가까운 병원의 응급실에 데려다 준다.

1) 한국 의료기관 중 동네의원, 보건소, 종합병원은 각각 어떤 특징을 띠고 있나요?
2) 한국에서 의료기관을 이용해 본 경험에 대해 말해 보세요.
3) 한국의 의료기관과 자신 고향 나라의 의료기관을 비교하여 인상적이거나 다른 점을 말해 보세요.

02 다음 내용을 포함하여 '안전한 생활'이라는 제목으로 글을 쓰시오.

> • 안전한 생활을 위해 가정에서 노력하고 있는 점은 무엇입니까?
> • 안전한 생활을 위해 가정 밖이나 일터에서 노력하고 있는 점은 무엇입니까?
> • 감염병이나 지진, 화재 발생 시 대처 방법은 무엇입니까?

작문 시험 답안지에 제목은 생략하고 본문만 쓰세요.

제 2 편

교육

01 한국의 출산을 지원하는 제도에 대한 설명으로 옳지 않은 것은?

① 임신 중에 필요한 영양제는 보건소에서 받을 수 있다.
② 임산부의 건강 관리와 출산에 필요한 비용은 현금으로 지급한다.
③ 임신, 출산, 양육비를 지원하는 이유는 출산을 장려하기 위해서이다.
④ 일부 지방자치단체는 아이를 낳은 임산부에게 출산 축하금을 지원해 준다.

02 한국의 보육 제도에 대한 설명으로 옳은 것은?

① 아이를 집에서 양육하는 경우에도 양육비 지원을 받을 수 있다.
② 자녀의 나이나 기관 유형에 상관없이 지원되는 보육비 금액은 동일하다.
③ 아동의 권리와 복지 증진을 위해 8세 아동부터 아동수당을 지급하고 있다.
④ 보육비나 유아 학비 지원 대상이 되는 어린이의 연령은 3세부터 5세까지다.

03 다음 빈칸에 공통으로 들어갈 제도는?

정부에서는 부모의 맞벌이 등으로 양육 공백이 발생하는 가정의 12세 이하의 아동을 대상으로 아이 돌보미가 찾아가는 □□□□ 를 제공하고 있다. 부모의 출장이나 야근 등으로 일시적인 돌봄이 필요할 경우, 아동의 질병 때문에 보육시설 이용이 어려운 경우 등 개별 가정의 특성 및 아동 발달 상황을 고려하여 □□□□ 를 제공한다. 이를 통해 아동을 안전하게 보호하고 부모의 일과 가정 생활이 균형을 이룰 수 있도록 돕는다.

① 아동 서비스   ② 돌봄 서비스
③ 안전 서비스   ④ 양립 서비스

04 〈보기〉의 (가), (나)에 들어갈 용어로 적절한 것은?

| 〈보기〉 |

(가) 은 0세부터 5세까지 아이들의 보육과 교육을 담당하며 보건복지부에서 지정한 보육기관이다.
(나) 은 3세부터 초등학교 입학 전(5세)까지의 유아들이 다니는 교육부 관할 교육기관이다.

	(가)	(나)
①	유치원	보육원
②	유치원	어린이집
③	어린이집	보육원
④	어린이집	유치원

05 다음 중 아래 글의 내용으로 옳은 것은?

유치원은 정부나 지방자치단체에서 설립한 국·공립 유치원과 개인이나 법인, 종교단체가 설립한 사립 유치원이 있다. 보통 평일 오전 9시~오후 2시 정도까지 운영되며, 맞벌이 부모의 자녀를 위하여 오전 7시~오후 8시 정도까지 종일반이 운영되기도 한다. 유치원 교육비는 일반적으로 국·공립이 사립보다 저렴한 편이다. 그래서 국·공립 유치원에 자녀를 보내려면 신청을 한 이후에 오랫동안 기다려야 하는 경우가 많다.

① 평일의 경우 오전 9시부터 오후 4시까지만 운영된다.
② 유치원 교육비는 일반적으로 국·공립이 사립보다 저렴한 편이다.
③ 개인이나 법인, 종교단체가 설립한 유치원은 국·공립유치원에 해당한다.
④ 맞벌이 부모의 경우 유치원 대신 어린이집에 아이를 맡기는 것이 좋다.

06 어린이집에 대한 설명이 아닌 것은?

① 교육부 관할 교육기관이다.
② 일반 가정에서 아동을 돌보는 가정 어린이집도 있다.
③ 기관에 따라 연장보육, 24시간 보육 지원을 하기도 한다.
④ 영유아의 균형 있는 발달을 돕는 교육이 이루어진다.

구술형

01 다음 글을 읽고, 아래의 질문에 대답하여 봅시다.

> 한국은 출산을 장려하고 양육에 대한 경제적 부담을 줄여주기 위해 임신, 출산, 양육에 필요한 비용을 지원하고 있다. 또한 초등학교에 입학하기 전 어린이집이나 유치원을 다니는 영 · 유아(0~5세 이하)를 대상으로 보육비나 유아 학비가 지원된다. 그 외 부모의 맞벌이 등으로 양육 공백이 발생하는 가정에 12세 이하의 아동이 있을 경우, 돌봄 서비스를 신청하면 아이 돌보미가 찾아가는 돌봄 서비스를 이용할 수 있다.

1) 한국에서 돌봄 서비스를 이용할 수 있는 경우에 대해 말해 보세요.
2) 한국의 출산 및 보육 관련 제도에서 개선되거나 추가되었으면 좋겠다고 생각하는 것은 무엇인가요?
3) 한국의 출산 및 보육 관련 제도나 사회적 분위기가 자신 고향 나라의 출산 및 보육 관련 제도나 사회적 분위기와 비교할 때 어떤 공통점과 차이점이 있는지 말해 보세요.

작문형

02 다음 내용을 포함하여 '나의 어린 시절'이라는 제목으로 글을 쓰시오.

> • 나는 언제, 어디에서 태어났습니까?
> • 나는 어린 시절을 주로 누구와 보냈습니까? 주로 무엇을 했습니까?
> • 가장 기억에 남는 어린 시절의 추억은 무엇입니까?

작문 시험 답안지에 제목은 생략하고 본문만 쓰세요.

01 한국의 학사 일정에 대한 설명으로 옳지 <u>않은</u> 것은?

① 여름방학과 겨울방학이 각각 한 번씩 있다.
② 학부모가 학교 수업을 참관할 수 있는 날이 있다.
③ 1년에 2개 학기가 있고 1학기는 3월에 시작한다.
④ 새 학년 새 학기가 시작되는 날에 종업식을 한다.

02 한국의 교육 제도에 대한 설명으로 옳은 것은?

① 초·중·고등학교는 의무교육 기간이다.
② 공립학교는 추첨을 통해 학생을 배정한다.
③ 초·중·고등학교의 교육기간을 합하면 12년이다.
④ 사립 교육기관에 다닐 경우 무상으로 교육 받을 수 있다.

03 다음 빈칸에 알맞은 제도는?

> 교육은 교실에서 뿐만 아니라 직접 관찰, 답사, 견학, 체험하며 효과적으로 학습할 수 있도록 현장 □□□□ 형태로도 이루어진다. 개인별로 가정에서 □□□□을 가고자 할 경우 사전에 신청할 수 있는데 학교에서는 교육상 필요한 경우 일정 기간 안에서 출석한 것으로 인정한다.

① 체험 학습　　　② 자율 학습
③ 재택 학습　　　④ 온라인 학습

04 다음 빈칸에 알맞은 제도는?

> 정규 교육과정 이외에 학생들의 소질 및 적성을 개발하면서 사교육비 부담도 줄일 수 있도록 다양한 형태의 □□□□이 운영되고 있다.

① 대안 교육 프로그램
② 홈스쿨링 프로그램
③ 보충 교육 프로그램
④ 방과 후 학교 프로그램

05 다음 중 아래 글의 내용으로 옳은 것은?

> 초등학교는 6세부터 다닐 수 있다. 취학통지서는 아동이 입학하기 전 해의 12월에 지역의 행정복지센터(주민센터)에서 집으로 보내준다. 여기에는 아동이 입학하게 될 집 근처의 학교 이름과 주소, 예비 소집일, 입학식에 대한 정보가 담겨있다. 아동의 성장 상태, 학업능력 등 개인차에 따라 1년 먼저 입학하거나 입학을 1년 연기할 수도 있다.
> 초등학교에서 배우는 내용은 일상생활과 기초적인 학습에 필요한 읽기, 쓰기, 셈하기 능력 기르기, 기본적인 지식 배우기, 올바른 생활습관 갖기 등에 초점을 둔다.

① 아동이 입학하는 해에 취학통지서를 받는다.
② 취학통지서는 군청이나 시청을 방문해서 받는다.
③ 입학 연기는 가능하지만 조기 입학은 할 수 없다.
④ 초등학교에서는 기초학습과 일상생활에 필요한 능력을 기르는 것을 강조한다.

06 중·고등학교 교육에 대한 설명으로 옳지 <u>않은</u> 것은?

① 중학교는 초등학교와 마찬가지로 의무교육이다.
② 고등학교 과정 중 1년은 자유 학년제로 운영된다.
③ 중학교는 보통 집에서 가까운 학교로 배정받는다.
④ 고등학교에는 일반 고등학교와 특수 목적 고등학교 등이 있다.

01 다음 글을 읽고, 아래의 질문에 대답하여 봅시다.

한국의 초·중등 교육은 초등학교 6년, 중학교 3년, 고등학교 3년으로 구성된다. 초등학교 6년과 중학교 3년은 의무교육 기간으로 무상으로 교육을 받을 수 있다. 교육기관은 설립과 운영 주체에 따라 국립(국가), 공립(지방자치단체), 사립학교(법인 또는 개인)가 있다. 교육 활동은 일 년을 1학기와 2학기로 나누어 운영하는데 1학기는 3월 초, 2학기는 8월 말~9월 초에 시작한다. 교육은 교실에서뿐만 아니라 직접 관찰, 답사, 견학, 체험하며 효과적으로 학습할 수 있도록 현장 체험 학습 형태로도 이루어진다. 정규 교육과정 이외에 학생들의 소질 및 적성을 개발하면서도 사교육비 부담은 줄일 수 있도록 다양한 '방과 후 학교 프로그램'을 운영하고 있다.

1) 한국 초·중등학교에서 학기 운영은 어떻게 하고 있나요?
2) 자신의 고향 나라와 비교하여 한국 초·중등 교육 제도나 교육기관이 가지고 있는 특징은 무엇이라고 생각하나요?
3) 자신의 고향 나라에서 받았던 초·중등 교육 활동 중에 기억에 남거나 많은 도움이 되었던 교육 활동에 대해 말해 보세요.

작문형

02 다음 내용을 포함하여 '나의 학창시절'이라는 제목으로 글을 쓰시오.

• 학창시절 나는 어떤 학생이었습니까?
• 학창시절 기억에 남는 친구나 선생님은 누구입니까?
• 다시 학창시절로 돌아간다면 어떻게 보내고 싶습니까?

작문 시험 답안지에 제목은 생략하고 본문만 쓰세요.

01 다음 제시된 것들의 공통점은 무엇인가?

> • 엿
> • 찹쌀떡
> • 포크나 휴지

① 시험을 잘 보라는 의미로 주는 선물
② 생일날 오래 살라는 의미로 주는 선물
③ 회사에서 승진하라는 의미로 주는 선물
④ 앞으로 좋은 관계를 맺자는 의미로 주는 선물

02 한국의 교육열에 대한 설명으로 옳지 <u>않은</u> 것은?

① 한국의 대학 진학률은 매우 높은 수준이다.
② 학력이 취업, 결혼 등에 중요하다고 생각한다.
③ 높은 교육열은 한국 경제가 성장하는데 이바지하였다.
④ 좋은 대학에 진학하기 위하여 사교육비 지출을 줄이고 있다.

03 다음의 (가), (나)에 들어갈 용어로 적절한 것은?

> 대학에 진학하고자 할 때는 학교생활기록부, 논술이나 실기를 중심으로 하는 __(가)__ 에 지원하거나 대학수학능력시험에 응시하여 나온 결과인 수능성적을 중심으로 하는 __(나)__ 에 지원할 수 있다.

	(가)	(나)
①	실기 모집	필기 모집
②	전기 모집	후기 모집
③	수시 모집	정시 모집
④	1차 모집	2차 모집

04 다음 빈칸에 알맞은 다문화 학생 지원 제도는?

> 다문화 학생이 두 나라의 언어를 구사할 수 있도록 도와주는 □□□□ 학습이 장려되고 있다. 이를 위해 다문화 가족 지원센터에서는 □□□□ 교재를 개발하여 보급하고 있다. 교육부와 각 시도 교육청에서는 매년 '□□□□ 말하기대회'도 개최하고 있다.

① 이중 언어　　　　② 대안 언어
③ 인터넷 언어　　　④ 국제 공용어

05 다음 중 아래 글의 내용으로 옳은 것은?

> 한국의 고등 교육기관으로는 대학교와 대학원이 있다. 대학교에는 4년제 종합대학교, 교육대학교, 전문대학교, 사이버대학교 등이 있다. 4년제 종합대학교는 인문학, 사회과학, 법학, 자연과학, 공학, 의학 등 다양한 분야의 학문을 교육하고 연구하는 종합적인 고등 교육기관이다. 교육대학교는 초등학교 교원을 양성할 목적으로 설립된 4년제 대학교이다. 전문대학교는 일반적으로 2~3년제이며 제빵, 간호, 기술 등 직업과 관련된 전문 기술을 가르쳐 전문 직업인을 양성한다. 한편, 방송이나 인터넷 등을 통해 공부하는 사이버 대학교 등도 최근에는 인기가 높다.

① 한국의 고등 교육기관으로는 고등학교가 있다.
② 교육대학교는 초등학교 교원을 양성하는 대학이다.
③ 고등학교 졸업자가 가장 많이 진학하는 대학은 전문대학교이다.
④ 최근에는 방송이나 인터넷 등을 통해 공부하는 대학이 점차 줄어들고 있다.

06 대학원에 대한 설명으로 옳은 것은?

① 한국의 중등 교육기관에 속한다.
② 대학교 졸업 후 대부분 바로 대학원에 진학한다.
③ 대학원 과정은 학사과정과 박사과정으로 구성된다.
④ 전문적인 학문이나 기술을 더 연구하고 싶은 경우 대학원에 입학한다.

구술형

01 다음 글을 읽고, 아래의 질문에 대답하여 봅시다.

> 한국의 대학 진학률은 경제협력 개발기구(OECD) 국가 평균에 비해 훨씬 높다. 학력이 사회적 지위를 상승시킬 수 있는 중요한 방법 중 하나로 인식되어 대학을 나와야 사회적인 지위가 올라가고 취업, 결혼 등에 유리하다고 생각하기 때문이다. 이러한 한국의 높은 교육열은 우수한 인재를 길러내어 한국 경제가 짧은 기간에 빠르게 성장하도록 하는 데에 이바지하였다고 평가되고 있다. 그러나 좋은 대학에 진학하기 위한 경쟁이 치열하여 입시 스트레스나 사교육비 지출 부담이 높은 편이다.

1) 한국의 교육열이 높은 이유는 무엇인가요?
2) 한국의 높은 교육열의 장점과 단점은 무엇인가요?
3) 한국과 비교하여 자신 고향 나라의 학력에 대한 인식이나 교육열은 어떤 공통점과 차이점이 있는지 말해 보세요.

작문형

02 다음 내용을 포함하여 '내 인생의 시험'이라는 제목으로 글을 쓰시오.

> • 지금까지 자신이 본 시험 중에 중요한 시험은 무엇이었습니까?
> • 시험을 잘 보기 위해 어떤 노력을 기울였습니까?
> • 그 시험 후의 결과나 자신의 인생에 미친 영향은 무엇입니까?

작문 시험 답안지에 제목은 생략하고 본문만 쓰세요.

12 평생 교육

01 〈보기〉의 (가), (나)에 들어갈 용어로 적절한 것은?

> **| 〈보기〉 |**
>
> 4차 산업혁명 등 기술혁신으로 인한 빠른 사회 변화와 직업 세계의 변화, 기대수명 증가로 인한 자아실현 등을 위해 학교 교육을 모두 마친 후에도 새로운 지식이나 기술을 배우는 사람들이 늘어나고 있다. 이처럼 ___(가)___ (이)나 상황에 관계없이 본인이 관심을 가지거나 필요로 하는 분야에 대해 계속 공부하는 것을 ___(나)___ 이라고 한다.

	(가)	(나)
①	성별	직업교육
②	재산	의무교육
③	나이	평생교육
④	직업	기초교육

02 평생교육 영역 중 문자를 쓰고 셈하는 기초 능력을 길러 주고자 하는 것은?

① 기초문해교육
② 직업능력교육
③ 문화예술교육
④ 인문교양교육

03 다음 빈칸에 알맞은 용어는?

> 평생교육 지원과 활성화를 위해 소외 계층을 대상으로 평생교육에 필요한 비용의 일부를 국가 지원하는 _____ 제도를 실시하고 있다.

① 평생학습 계좌
② 평생교육 포털
③ 평생학습 관리
④ 평생교육 바우처

04 다음 빈칸에 알맞은 프로그램은?

> _____은 국내 이민자가 한국 사회의 건전한 구성원으로 적응·자립할 수 있도록 지원하기 위하여 법무부 장관이 인정하는 소정의 교육과정(한국어와 한국 문화 및 한국 사회 이해)을 이수한 이민자에게 체류허가나 국적 취득 시 혜택을 주는 제도이다.

① 평생교육 프로그램
② 사회통합 프로그램
③ 이민자 복지 프로그램
④ 방과 후 학교 프로그램

05 다음 중 아래 글의 내용으로 옳은 것은?

> 고용노동부에서는 취업이나 창업을 희망하는 사람에게 직업에 필요한 기술과 기능을 익힐 수 있는 교육을 받을 수 있도록 내일배움카드를 발급하여 지원하고 있다. 컴퓨터 활용능력, 웹디자인, 네일아트, 피부미용사, 바리스타, 제과제빵 기능사, 한식 양식 조리기능사, 요양보호사 등 취업을 위한 다양한 교육을 받을 수 있으며 고용보험에 가입한 적이 있는 외국인 또는 고용보험에 가입한 적이 없더라도 결혼이민자인 경우에는 교육비를 지원받을 수 있다.

① 교육부에서는 취업이나 창업을 희망하는 사람들을 위한 교육을 지원한다.
② 직업에 필요한 다양한 교육을 받을 수 있도록 교육비를 현금으로 지급한다.
③ 고용보험 가입이력이 없는 외국인이나 결혼이민자는 교육비 지원을 받을 수 있다.
④ 컴퓨터 활용능력, 네일아트, 피부미용사, 바리스타 등 다양한 프로그램이 있다.

06 평생교육에 대한 설명으로 옳은 것은?

① 평생교육 참여율이 줄어들고 있다.
② 평생교육 프로그램 수강료는 비싼 편이다.
③ 인터넷 등 미디어를 이용한 평생교육도 곧 제공될 예정이다.
④ 평생교육 포털을 통해 개인 맞춤형 평생학습 서비스를 받을 수 있다.

01 다음 글을 읽고, 아래의 질문에 대답하여 봅시다.

> 한국에 거주하고 있는 외국인 주민 수가 급격히 증가하면서 이주민의 한국 사회 적응을 돕기 위한 교육 서비스도 확대되고 있다. 대표적으로는 이민자 조기적응 프로그램과 사회통합 프로그램(KIIP)이 있다. 이민자 조기적응 프로그램은 국제결혼을 통해 처음 입국하는 새내기 결혼이민자를 대상으로 기초 생활정보, 상호문화이해(부부교육), 체류절차 등 한국 생활에 필요한 각종 정보를 제공한다. 사회통합 프로그램은 국내 이민자가 한국 사회의 건전한 구성원으로 적응·자립할 수 있도록 지원하기 위하여 법무부 장관이 인정하는 교육과정(한국어와 한국 문화 및 한국 사회 이해)을 이수한 이민자에게 체류허가나 국적 취득 시 혜택을 주는 제도이다.

1) 이주민의 한국 사회 적응을 돕기 위한 대표적인 교육 서비스에는 무엇이 있나요?
2) 한국 사회와 교육에 대해 배운 내용 중에 가장 기억에 남거나 도움이 되었던 내용은 무엇인가요?
3) 이주민의 한국 사회 적응과 자립을 위해 더 추가되거나 개선되면 좋겠다고 생각하는 교육 서비스에 대해 말해 보세요.

02 다음 내용을 포함하여 '내가 더 배우고 싶은 것'이라는 제목으로 글을 쓰시오.

> • 앞으로 배워보고 싶은 취미활동(악기, 운동, 요리 등)은 무엇인가요? 그 이유는 무엇인가요?
> • 앞으로 더 기르고 싶은 능력(언어, 컴퓨터 등)은 무엇인가요? 그 이유는 무엇인가요?
> • 앞으로 더 공부하고 싶은 분야(인문, 사회, 문화, 경제, 경영, 철학, 수학, 과학 등)는 무엇인가요? 그 이유는 무엇인가요?

작문 시험 답안지에 제목은 생략하고 본문만 쓰세요.

제 3 편

문화

13 전통 가치

01 한국에서 웃어른을 대하는 올바른 예절이 <u>아닌</u> 것은?

① 식사 자리에서는 웃어른보다 먼저 수저를 든다.
② 웃어른께 물건을 전달할 때는 두 손으로 드린다.
③ 알고 있는 웃어른을 만나면 고개를 숙여 인사한다.
④ 버스나 지하철에서는 웃어른에게 자리를 양보한다.

02 다음 빈칸에 공통으로 들어갈 알맞은 말은?

> 한국에서는 지하철이나 버스에서 노인에게 자리를 양보하거나 무거운 짐을 함께 들어주는 모습을 흔히 볼 수 있다. 이는 웃어른을 공손히 모시는 ☐☐ 문화가 지금까지 이어져 오고 있음을 보여주는 사례이다. ☐☐ 문화의 영향을 받은 한국에서는 효와 예를 중시한다.

① 불교
② 유교
③ 개신교
④ 천주교

03 다음 빈칸에 공통으로 들어갈 알맞은 말은?

> 언어 예절은 다른 사람과의 관계에서 가장 기본적인 것으로서 매우 강조되고 있다. 한국에서는 어떤 사람을 처음 만났거나 공적인 자리에서는 각자의 지위나 나이에 관계없이 서로 ☐☐을 사용하며, 가정이나 학교에서도 아이가 어릴 때부터 ☐☐을 정확히 쓰는 습관을 기르도록 가르친다.

① 반말
② 예사말
③ 높임말
④ 우리말

04 다음 〈보기〉의 내용과 가장 관계가 깊은 것은?

> ┤〈보기〉├
> • 한국인은 '우리'라는 표현을 자주 사용
> • 두레와 품앗이와 같은 상부상조 풍습
> • 1997년 외환 위기 때의 금 모으기 운동
> • 2002년 월드컵 축구 대회 때의 길거리 응원

① 효
② 예절
③ 연고 의식
④ 공동체 의식

05 〈보기〉의 (가), (나), (다)에 들어갈 용어로 적합한 것은?

> ┤〈보기〉├
> • 가족이나 친족 등 같은 핏줄로 연결된 인간관계를 ☐(가)☐ 이라고 한다.
> • 같은 고향이나 출신 지역에 따라 이어진 인연을 ☐(나)☐ 이라고 한다.
> • 같은 학교를 졸업한 사람들이 서로 인연을 맺은 관계를 ☐(다)☐ 이라고 한다.

	(가)	(나)	(다)
①	학연	혈연	지연
②	학연	지연	혈연
③	혈연	학연	지연
④	혈연	지연	학연

06 같은 학교를 졸업한 사람들이 모여 만든 조직의 이름은?

① 동문회
② 향우회
③ 기성회
④ 친목회

구술형

01 다음 글을 읽고, 아래의 질문에 대답하여 봅시다.

> 한국에는 '빨리빨리' 문화가 있다. 세계 최고 수준의 인터넷 속도, 편리하고 빠른 대중교통 환승 시스템, 스마트폰 앱으로 음식이나 음료를 미리 주문하고 결제하는 방식 등은 신속성을 추구하는 문화가 있었기 때문에 가능한 일이다. 이러한 '빨리빨리' 문화는 1970년대 급속한 경제 성장과 한국 사회 내 치열한 경쟁의식에서 큰 영향을 받았다고 볼 수 있다. '빨리빨리' 문화는 한편으로는 여유가 없어 보이기도 하지만, 다른 한편으로는 이를 통해 효율적이고 빠른 생활 편의 서비스가 한국에 정착하는 데 큰 도움을 준 측면도 있다.

1) 한국의 '빨리빨리' 문화 형성에 영향을 준 것은 무엇인가요?
2) 자신이 경험한 한국의 '빨리빨리' 문화 사례가 있나요? 그러한 문화의 장단점은 무엇인가요?
3) 자신의 고향 나라에는 한국과는 다른 어떤 독특한 문화가 있나요?

작문형

02 다음 내용을 포함하여 '높임말 사용하기'라는 제목으로 글을 쓰시오.

> • 한국에서 높임말을 배울 때 어려웠던 점은 무엇입니까?
> • 높임말 사용과 관련하여 실수했거나 특별히 기억나는 경험은 무엇입니까?
> • 한국에서는 높임말이 왜 중요하다고 생각합니까?

작문 시험 답안지에 제목은 생략하고 본문만 쓰세요.

01 쌀로 만든 밥을 주로 먹는 한국의 음식 문화와 가장 관계 깊은 것은?

① 한국은 봄, 여름, 가을, 겨울 등 4계절이 뚜렷하기 때문이다.
② 한국의 토양과 기후가 벼농사를 짓기에 적합하기 때문이다.
③ 한국은 서해, 남해, 동해 등 바다로 둘러싸여 있기 때문이다.
④ 한국은 지역에 따라 사람들의 의식주 문화가 동일하기 때문이다.

02 한국 음식의 종류와 특징에 대한 설명으로 옳지 <u>않은</u> 것은?

① 한국 음식은 기본적으로 밥, 국, 반찬으로 이루어진다.
② 된장, 간장, 고추장 같은 장류는 발효 음식의 종류이다.
③ 국은 고기, 해물, 채소 등 재료에 따라 특유의 맛이 난다.
④ 김치는 지역에 상관없이 넣는 재료와 만드는 방식이 동일하다.

03 다음 빈칸에 공통으로 들어갈 알맞은 말은?

> 한복은 예부터 전해 내려오는 한국 고유의 의상이다. 오늘날 한복의 모습은 조선 시대 중반에 만들어진 것으로 알려져 있다. 한복을 입을 때에는 기본적으로 여자는 치마와 ☐, 남자는 바지와 ☐를 입는다.

① 조끼
② 마고자
③ 저고리
④ 두루마리

04 한복에 대한 설명으로 옳은 것은?

① 겨울에는 삼베나 모시로 한복을 만들어 따뜻하게 입는다.
② 여름에는 솜이나 비단으로 한복을 만들어 시원하게 입는다.
③ 최근에는 활동성과 실용성을 높인 생활한복이 인기를 얻고 있다.
④ 오늘날에는 명절이나 돌잔치와 같은 특별한 날에도 한복을 입지 않는다.

05 한옥에 대한 설명으로 옳지 <u>않은</u> 것은?

① 한옥은 한국의 전통적인 생활 모습이 반영된 집이다.
② 한옥은 지붕 재료에 따라 기와집과 초가집으로 나뉜다.
③ 기와집은 흙으로 만들어 구운 기와를 지붕에 얹은 집이다.
④ 초가집에는 주로 사회적으로 신분이 높은 사람이 거주하였다.

06 〈보기〉는 한옥의 특징에 대한 설명이다. (가), (나)에 들어갈 용어로 적합한 것은?

> ─────| 〈보기〉 |─────
> • ☐(가) 은/는 아궁이에 불을 때어 방을 따뜻하게 하는 난방 장치에 해당하며, ☐(나) 은/는 방과 방 사이에 긴 널빤지를 깔아 만든 공간이다.
> • 겨울에는 ☐(가) 을/를 이용해 따뜻하게 만든 방에서 주로 생활하고, 여름에는 시원하고 바람이 잘 통하는 ☐(나) 에서 더위를 피했다.

	(가)	(나)
①	온돌	대청마루
②	온돌	기와
③	대청마루	온돌
④	대청마루	기와

01 다음 글을 읽고, 아래의 질문에 대답하여 봅시다.

> 한국에는 밥, 국, 반찬으로 이루어진 기본적인 식단 외에 특별히 요리하여 먹는 음식도 많다. 대표적인 것으로 비빔밥, 삼계탕, 불고기, 삼겹살, 떡국 등이 있다. 최근에는 한국 음식이 외국인들과 해외 현지에서 인기를 얻으면서 K-Food란 이름으로 '한식의 세계화'도 지속적으로 추진되고 있다. K-Food란 Korean Food의 약자로, 한국 음식을 의미하며, 한식의 재료, 한식, 가공 식품을 모두 포함한다.

1) K-Food의 의미는 무엇인가요? 대표적인 한식에는 어떤 것이 있나요?
2) 자신이 가장 좋아하는 한식은 무엇인가요? 그 이유는 무엇인가요?
3) 자신의 고향 나라 음식 중 외국인에게 인기 있는 것은 무엇인가요? 그 이유는 무엇이라고 생각하나요?

02 다음 내용을 포함하여 '한옥의 아름다움'이라는 제목으로 글을 쓰시오.

> • 세계 여러 나라의 집과 비교하여 한옥이 가지고 있는 특징은 무엇입니까?
> • 한옥에 있는 온돌과 대청마루의 특징은 무엇입니까?
> • 자신이 한옥에서 하루를 보내게 된다면 하고 싶은 것은 무엇입니까?

작문 시험 답안지에 제목은 생략하고 본문만 쓰세요.

01 〈보기〉의 (가), (나), (다)에 들어갈 의례로 적합한 것은?

〈보기〉
• [(가)] : 사람이 죽음을 맞이할 때 보내드리는 의례
• [(나)] : 돌아가신 조상을 생각하며 추모하는 의례
• [(다)] : 남자와 여자가 정식으로 부부가 되는 의례

	(가)	(나)	(다)
①	결혼식	장례식	제사
②	결혼식	제사	장례식
③	장례식	결혼식	제사
④	장례식	제사	결혼식

02 〈보기〉에서 설명하고 있는 의례로 옳은 것은?

〈보기〉
• 아이가 태어난 지 1년이 되는 첫 생일을 말함.
• 무사히 첫 생일을 맞이한 것을 기념하고, 앞으로 잘 자라기를 바라는 소망이 담겨있음.
• 여러 물건을 상 위에 올려놓고, 아이가 골라잡은 물건으로 미래를 예상해 보기도 함.

① 돌잔치   ② 백일잔치
③ 환갑잔치   ④ 칠순잔치

03 결혼식에 대한 설명으로 옳은 것을 〈보기〉에서 모두 고른 것은?

〈보기〉
ㄱ. 남녀 모두 18세가 되면 결혼할 수 있다.
ㄴ. 부모의 동의를 받은 사람만 결혼할 수 있다.
ㄷ. 결혼식에 초대 받은 사람은 조의금을 준비한다.
ㄹ. 시·군·구청에 혼인 신고를 해야 법적 부부가 된다.

① ㄱ, ㄴ
② ㄱ, ㄹ
③ ㄴ, ㄷ
④ ㄴ, ㄹ

04 19세가 된 젊은이들에게 성인이 되었음을 축하하기 위해 지정한 '성년의 날'의 날짜로 옳은 것은?

① 5월 첫째 월요일
② 5월 둘째 월요일
③ 5월 셋째 월요일
④ 5월 넷째 월요일

05 장례식에 대한 설명으로 옳지 <u>않은</u> 것은?

① 한국에서는 병원 내 또는 단독 장례식장에서 치른다.
② 문상객은 하얀색 계열의 단정한 옷을 입고 장례식장을 찾는다.
③ 문상객은 유족에게 위로의 마음을 담아 간결한 인사말을 전한다.
④ 장례식은 보통 3일 동안 진행하며 첫째 날과 둘째 날에 문상객을 맞는다.

06 제사에 대한 설명으로 옳은 것은?

① 조상이 돌아가신 날에는 차례, 명절에는 기제사를 지낸다.
② 제사를 지낼 때는 음식 앞에서 조상에게 절을 한 번 한다.
③ 음복은 부모에게 복을 나누어 드린다는 의미가 담겨 있다.
④ 한국에서는 조상을 잘 모셔야 자손들이 잘 된다고 믿는 풍습이 있다.

01 다음 글을 읽고, 아래의 질문에 대답하여 봅시다.

> 한국에서는 결혼식에 초대받은 사람들은 축하하는 마음을 담은 축의금을, 장례식에 가는 사람들은 위로의 마음을 담은 조의금을 전달한다. 이것은 다른 사람에게 기쁜 일이나 슬픈 일이 생겼을 때, 서로 돕는 한국의 전통에서 비롯된 것이다. 여러 사람이 내는 축의금과 조의금은 각각 결혼식과 장례식의 비용으로 사용된다.

1) 결혼식이나 장례식에 갈 때 축의금 또는 조의금을 준비해 가는 것은 한국의 어떤 전통과 관계있나요?
2) 한국의 축의금, 조의금 문화의 장점과 단점은 무엇이라고 생각하나요?
3) 한국의 결혼식과 장례식 의례 문화를 자신의 고향 나라와 비교했을 때, 공통점 또는 차이점은 무엇인가요?

02 다음 내용을 포함하여 '첫 번째 생일잔치'라는 제목으로 글을 쓰시오.

> • 한국에서 아이의 첫 번째 생일인 돌잔치는 어떻게 진행됩니까?
> • 돌잔치에 초대 받은 사람들은 어떤 마음으로 참석합니까?
> • 한국의 돌잔치를 자신의 고향 나라와 비교했을 때, 공통점 또는 차이점은 무엇입니까?

작문 시험 답안지에 제목은 생략하고 본문만 쓰세요.

01 다음 〈보기〉에 해당하는 한국의 명절에 대한 설명으로 옳은 것은?

─────| 〈보기〉 |─────
• 한 해를 시작하면서 건강과 풍요를 기원하는 한국 최대 명절 중 하나이다.
• "새해 복 많이 받으세요."라는 말로 사람들과 인사를 나눈다.

① 음력 1월 1일부터 15일까지 명절로 지킨다.
② 부모님 등 집안의 윗사람들에게 세배를 한다.
③ 여러 곡식을 섞은 오곡밥과 묵은 나물을 먹는다.
④ 보름달을 보며 소원을 비는 풍습이 이어지고 있다.

02 다음 빈칸에 들어갈 알맞은 말은?

설날에는 [   ](이)라 하여 새로 옷이나 신발을 준비하기도 한다. 특히 아이들에게는 새 옷을 입히는 경우가 많았다.

① 세배
② 차례
③ 설빔
④ 윷놀이

03 다음 빈칸에 공통으로 들어갈 설날의 대표적인 음식은?

설날 아침에 차례와 세배를 마친 후에는 [   ]을 먹는다. [   ]은 흰 가래떡을 얇게 썰어 끓인 설날의 대표적인 음식으로 이것을 먹으면 나이 한 살을 더 먹는다는 의미가 담겨 있다.

① 팥죽
② 떡국
③ 햅쌀
④ 부럼

04 추석에 대한 설명으로 옳지 <u>않은</u> 것은?

① 추석은 한가위 또는 가배라고도 불린다.
② 추석 당일에는 온 가족이 모여 차례를 지낸다.
③ 추석은 곡식을 수확하는 시기로 음력 8월 15일이다.
④ 추석 전날과 당일을 포함한 2일이 휴일로 정해져 있다.

05 다음 빈칸에 공통으로 들어갈 알맞은 말은?

추석의 대표적인 음식은 송편이다. 송편을 찔 때는 [   ]을/를 넣는데, 그 이유는 송편끼리 붙는 것을 막아 모양 그대로를 유지할 수 있기 때문이다. 또한 [   ]에 들어있는 성분이 송편이 쉽게 상하는 것을 막아준다.

① 솔잎
② 양파
③ 대추
④ 당근

06 추석 밤에 주로 하는 달맞이에 대한 설명으로 옳은 것은?

① 보름달을 보며 친구들과 씨름을 한다.
② 보름달을 보며 친척에게 세배를 한다.
③ 보름달을 보며 자신이 바라는 소원을 빈다.
④ 보름달을 보며 가족들과 함께 윷놀이를 한다.

01 다음 글을 읽고, 아래의 질문에 대답하여 봅시다.

음력 1월 15일을 정월대보름이라고 한다. 한 해의 첫 번째 보름날로 가장 큰 보름이라는 뜻이다. 정원대보름 아침에 일어나면 가장 먼저 만나는 사람의 이름을 불러 "내 더위 사 가라."라고 외치며 더위를 판다. 이렇게 하면 그 해 여름의 더위를 쉽게 이길 수 있다고 믿는 풍습이 있다. 이날에는 여러 가지 곡식을 섞어 지은 오곡밥과 묵은 나물을 먹는다. 또한 호두, 밤, 땅콩 등을 딱 소리가 나게 깨어 먹는 부럼 깨물기를 한다. 예로부터 이것을 하면 피부병이 생기지 않고 이가 튼튼해진다고 전해온다.

1) 정월대보름에 부럼 깨물기를 하면서 먹는 음식은 무엇인가요? 그러한 음식을 먹는 이유는 무엇인가요?
2) 한국의 명절 음식 중 인상적인 것은 무엇인가요? 그 이유는 무엇인가요?
3) 자신의 고향 나라에서 명절에 나누는 특별한 인사나 풍습은 무엇인가요? (예: "내 더위 사 가라."와 같은 풍습)

작문형

02 다음 내용을 포함하여 '내 고향의 명절'이라는 제목으로 글을 쓰시오.

- 자신의 고향 나라에는 어떤 명절이 있습니까?
- 그 명절의 날짜는 언제입니까?
- 그 명절에는 어떤 음식을 먹으며 무엇을 합니까?

작문 시험 답안지에 제목은 생략하고 본문만 쓰세요.

01 다음 빈칸에 공통으로 들어갈 종교는?

> 석가모니에 의해 창시된 종교인 [   ]는 중국을 거쳐 4세기 무렵 삼국 시대에 들어왔다. 자비를 강조하는 [   ]는 왕과 귀족은 물론 서민의 삶에도 깊숙이 파고들었다. 절이나 탑, 불상은 [   ]와 관련된 문화유산이다.

① 불교
② 유교
③ 개신교
④ 천주교

02 〈보기〉의 (가), (나), (다)에 들어갈 종교로 알맞은 것은?

> ─── | 〈보기〉 | ───
>
> • [(가)] : 삼국 시대에 들어왔지만, 14세기 무렵 이후 한국인의 생활 전반에 큰 영향을 끼쳤다. 부모에 대한 효와 어른에 대한 예의 등을 강조한다.
> • [(나)] : 17세기 조선 시대에 서양의 학문과 함께 들어왔다. 종교가 아니라 학문으로 받아들인 사례는 한국이 거의 유일하다.
> • [(다)] : 19세기에 서양의 선교사를 통해서 한국에 전파되었다. 종교 활동 뿐 아니라 학교와 병원을 세워 교육과 의료 활동을 펼쳤다.

	(가)	(나)	(다)
①	천도교	유교	천주교
②	유교	천주교	개신교
③	천도교	개신교	유교
④	유교	천도교	천주교

03 다음 중 한국 고유의 종교가 <u>아닌</u> 것은?

① 대종교　　　② 천도교
③ 힌두교　　　④ 원불교

04 한국의 종교 현황에 대한 설명으로 옳은 것은?

① 한국 국민 대부분은 종교를 가지고 있다.
② 휴일로 지정되어 있는 종교 기념일은 없다.
③ 자신이 원하는 종교를 자유롭게 선택할 수 없다.
④ 나라에서 정한 종교나 인구의 절대 다수를 차지하는 종교는 없다.

05 한국의 종교가 담당하는 기능에 대한 설명으로 옳지 <u>않은</u> 것은?

① 종교를 가진 개인에게 안정감을 준다.
② 대통령을 결정하는 데 커다란 영향을 끼친다.
③ 종교 교리를 실천하는 과정에서 어려운 이웃을 돕는다.
④ 종교 단체를 통해 외국인의 한국 생활 적응을 지원한다.

06 〈보기〉와 같이 '종교의 자유'에 대해 명시하고 있는 한국의 법은?

> ─── | 〈보기〉 | ───
>
> 제20조
> ① 모든 국민은 종교의 자유를 가진다.
> ② 국교는 인정되지 아니하며, 종교와 정치는 분리된다.

① 형법
② 헌법
③ 선거법
④ 종교법

01 다음 글을 읽고, 아래의 질문에 대답하여 봅시다.

> 현재 한국 사회에는 다양한 종교가 공존하고 있다. 매년 음력 4월 8일, 불교의 기념일인 '부처님 오신 날', 12월 25일을 개신교와 천주교의 기념일인 '성탄절'을 공휴일로 지정하고 있다. 최근에는 종교간 화합 차원에서 서로의 기념일을 축하해 주기도 한다. 그리고 대통령은 종교 지도자들과 만남을 가지면서 한국 사회 통합에 대한 논의와 함께 국정 운영에 대한 지혜를 구하기도 한다.
> 종교 간의 상호 배려와 존중은 더욱 강조되어야 한다. 한국 사회 구성원은 종교가 있든 없든 종교에 대한 타인의 생각을 이해하고, 종교라는 것이 각자가 선택한 삶의 방식 중 하나라는 점을 인식하는 태도를 가져야 한다.

1) 한국에서 공휴일로 지정하고 있는 종교의 기념일 두 가지는 무엇인가요?
2) 한국인의 종교 생활에는 어떤 특징이 있다고 생각하나요? 그 이유는 무엇인가요?
3) 자신의 고향 나라에는 어떤 종교가 있나요? 자신의 고향 나라와 한국의 종교 문화 사이에는 어떤 공통점과 차이점이 있나요?

작문형

02 다음 내용을 포함하여 '종교는 필요할까'라는 제목으로 글을 쓰시오.

> • 자신은 종교가 있습니까? 아니면 무교입니까?
> • 종교가 있다면 혹은 없다면 그 이유는 무엇입니까?
> • 다른 사람의 종교 생활을 존중하기 위해서 필요한 것은 무엇입니까?

작문 시험 답안지에 제목은 생략하고 본문만 쓰세요.

18 대중문화

01 대중문화의 개념으로 가장 적절한 것은?

① 옛날부터 전해 내려오는 문화
② 많은 사람이 즐기고 누리는 문화
③ 드라마나 영화와 같이 영상과 관련된 문화
④ 축구나 야구와 같이 스포츠와 관련된 문화

02 다음 빈칸에 들어갈 알맞은 말은?

> 책, 라디오, 신문, 텔레비전뿐 아니라 최근에는 스마트폰을 기반으로 하는 SNS 등 ☐☐☐☐의 발달로 자신이 좋아하는 대중문화를 쉽게 접할 수 있으며, 이를 많은 사람들과 공유하기도 한다.

① 대중사회
② 대중매체
③ 대중교통
④ 대중가요

03 한국의 대중문화에 대한 설명으로 옳은 것은?

① 영화관 관객 수는 점차 줄어들고 있다.
② 한국에서 드라마는 주말에만 방송된다.
③ 프로 야구는 다른 스포츠에 비해 인기가 낮다.
④ 특정한 시기에 인기를 끄는 유행가가 자주 등장한다.

04 다음 빈칸에 들어갈 알맞은 말은?

> 2000년 전후, 한국의 영화와 드라마가 아시아 여러 나라로 수출되면서 한국의 대중문화와 연예인에 대한 관심이 높아지게 되었다. 이렇게 한국의 대중문화가 여러 나라로 확산되면서 대중적 인기를 끌게 된 현상을 ☐☐☐(이)라고 한다.

① 한류
② 아이돌
③ 케이팝
④ 케이뷰티

05 케이팝(K-POP)이 전 세계적으로 인기를 끌고 있는 주요 요인으로 옳지 <u>않은</u> 것은?

① 영어로 된 가사
② 뛰어나고 멋진 춤 실력
③ 따라 부르기 쉽고 신나는 리듬
④ 가수의 매력적인 외모와 스타일

06 세계인들이 좋아하는 한국의 대중문화에 대한 설명으로 옳지 <u>않은</u> 것은?

① 최근에는 한국의 예능프로그램 형식이 해외로 수출되고 있다.
② 독창적이고 다양한 장르의 한국 영화도 꾸준히 사랑을 받고 있다.
③ 비빔밥, 김치, 떡볶이 등 한국 음식에 대한 관심은 점차 늘어나고 있다.
④ 아이돌 스타를 중심으로 케이팝의 인기는 아시아 지역에 한정되어 있다.

01 다음 글을 읽고, 아래의 질문에 대답하여 봅시다.

> 케이팝(K-POP)은 대체로 2000년대 이후 한국의 대중음악 중 댄스 음악, 힙합 등을 가리키는 말이다. 특히, 세계적으로 인기를 끄는 아이돌 그룹의 케이팝은 서구의 다양한 음악 장르와 아시아적 감수성에 한국적 특색이 담겨 있는 흥미로운 가사, 멋진 춤 등을 결합한 것이다. 케이팝은 오랫동안 준비된 것일 뿐 아니라 아시아 문화 요소와 서구 문화 요소가 두루 들어 있어 경쟁력이 높다. 또한 유튜브 등 인터넷을 통해 전 세계에서 누구나 쉽게 접할 수 있다. 이것이 바로 케이팝이 아시아뿐 아니라 서구, 남미 등에서도 인기를 끄는 비결이다.

1) 케이팝(K-POP)이 전 세계적으로 인기를 끌게 된 요인에는 무엇이 있나요?
2) 자신이 좋아하는 케이팝(K-POP) 가수는 누구인가요? 혹은 좋아하는 케이팝(K-POP) 노래는 무엇인가요?
3) 한국의 친구나 지인에게 소개하고 싶은 자신의 고향 나라의 가수(노래)에는 누가(무엇이) 있나요?

02 다음 내용을 포함하여 '내가 좋아하는 한국의 대중문화'라는 제목으로 글을 쓰시오.

> • 한국의 대중문화를 어떻게 처음 접하게 되었습니까?
> • 한국의 대중문화 중에 특별히 좋아하는 것은 무엇입니까? 그 이유는 무엇입니까?
> • 한국의 대중문화를 한마디로 나타낸다면 무엇이라고 표현할 수 있습니까?

작문 시험 답안지에 제목은 생략하고 본문만 쓰세요.

01 한국에서 여가문화의 중요성이 높아지는 데 영향을 준 것으로 보기 <u>어려운</u> 것은?

① 주 5일 근무제 실시
② 평균 기대 수명 증가
③ 1인당 국민소득 증가
④ 일과 삶의 균형에 대한 요구 감소

02 다음 내용에서 설명하고 있는 것의 명칭은?

> 취미나 공통의 관심사, 목표를 가지고 정보를 나누면서 함께 즐기는 사람들의 모임

① 동창회
② 동문회
③ 동호회
④ 친목회

03 다음에 제시된 기관들의 공통점은?

> • 행정복지센터
> • 평생학습관
> • 백화점이나 대형 마트의 문화센터

① 다양한 물건을 판매한다.
② 인기 도서를 무료로 빌려 준다.
③ 생활에 필요한 서류를 제공한다.
④ 다양한 여가 프로그램을 제공한다.

04 한국의 여가활동에 대한 설명으로 옳은 것은?

① 다른 사람들과 함께 관심사를 공유하는 모임은 점차 사라지고 있다.
② 백화점의 문화센터에서 진행하는 여가 프로그램은 점점 줄어들고 있다.
③ 평생학습관에서는 주민의 수요를 조사하여 여가 프로그램을 개설하고 있다.
④ 공연은 영화와 달리 공연장을 직접 방문하여 입장권을 사야 관람할 수 있다.

05 한국의 변화하는 여가 문화에 대한 설명으로 옳은 것은?

① 일과 삶의 균형이 꾸준히 강조될 것이다.
② 휴식이 있는 삶에 대한 기대가 낮아질 것이다.
③ 여행이나 캠핑을 즐기는 사람들이 줄어들 것이다.
④ 건강관리 프로그램에 대한 수요가 줄어들 것이다.

06 일상에서 문화를 쉽게 접할 수 있도록 다양한 문화혜택을 제공하고 있는 '문화가 있는 날'의 날짜로 옳은 것은?

① 매월 마지막 주 월요일
② 매월 마지막 주 수요일
③ 매월 마지막 주 목요일
④ 매월 마지막 주 금요일

01 다음 글을 읽고, 아래의 질문에 대답하여 봅시다.

> 일과 삶의 균형(워라벨: Work and Life Balance)이 강조되고, 휴식이 있는 삶에 대한 기대가 높아지면서 여가문화도 많이 변화할 것으로 예측된다. 건강 관리에 대한 관심은 연령·성별에 상관없이 지속적으로 높아짐으로써 헬스, 수영, 요가의 수요가 꾸준히 늘어날 것이다. 그리고 금요일 오후부터 주말을 이용하여 국내나 가까운 해외로 떠나는 여행이 일상화될 것이다. 도심지 인근, 자연휴양림 등에서 캠핑을 즐기는 사람들도 증가할 것이다. 또한 스마트기기를 활용하여 웹서핑, 모바일메신저, SNS활동, 게임, 쇼핑, 음악 감상, 인터넷 방송 시청, 웹툰 읽기 등의 여가 활동을 즐기는 사람들도 더욱 늘어날 것이다.

1) 한국의 여가문화는 앞으로 어떻게 변화할 것으로 예측되고 있나요?
2) 자신이 가장 좋아하는 여가활동은 무엇인가요? 그 이유는 무엇인가요?
3) 최근 자신의 고향 나라에서 인기를 끌고 있는 여가활동에는 무엇이 있나요?

작문형

02 다음 내용을 포함하여 '나의 여가활동'이라는 제목으로 글을 쓰시오.

> • 자신이 현재 즐기고 있는 여가활동은 무엇입니까? 주로 언제, 어디에서 합니까?
> • 현재 여가활동을 즐기지 못하고 있다면, 그 이유는 무엇입니까?
> • 앞으로 해보고 싶은 여가활동은 무엇입니까? 그 이유는 무엇입니까?

작문 시험 답안지에 제목은 생략하고 본문만 쓰세요.

제 4 편

정치

01 다음에 해당하는 사건은?

> 3 · 15 부정선거에 대한 반발로 일어난 학생 시위로 이승만 정권의 장기화를 막았다.

① 헌법 제정
② 4 · 19 혁명
③ 6월 민주 항쟁
④ 5 · 18 민주화 운동

02 권력분립의 장점이 <u>아닌</u> 것은?

① 특정 기관의 권력 남용을 막을 수 있다.
② 국가 기관이 서로 견제를 통해 균형을 이룬다.
③ 각 기관마다 전문성과 책임성을 가질 수 있다.
④ 균형을 이루기 위해 시간과 비용이 많이 든다.

03 다음에 해당하는 기관은 어디인가?

> • 국민을 대표하여 법을 만든다.
> • 행정부와 사법부를 견제하는 역할을 한다.

① 법원
② 국회
③ 검찰
④ 경찰서

04 민주주의에 대한 설명으로 옳은 것은?

① 주권은 국민이 아닌 최고책임자가 가진다.
② 신분이 높은 사람들만 국가의 일을 결정한다.
③ 대한민국은 헌법에 민주주의 국가임을 명시하였다.
④ 오늘날 대부분의 국가에서는 직접 민주주의를 실시한다.

05 한국 정치에 대한 설명으로 옳은 것은?

① 국가 권력은 한 기관에서만 가진다.
② 국민의 대표는 추첨을 통해 선출한다.
③ 국민의 자유와 평등을 중요하게 여긴다.
④ 국가의 모든 일은 국민투표를 통해 결정한다.

06 다음은 학생들의 대화이다. 한국 민주주의 발전에 영향을 준 사건에 대해서 <u>잘못</u> 말한 사람은?

> 파비앙: 군인의 집권 반대와 민주주의 회복을 바라는 시위가 광주에서 있었어.
> 자히드: 그걸 5 · 18 민주화 운동이라고 해.
> 수잔: 1987년에는 대통령 직선제를 요구하는 시위가 있었지.
> 줄리안: 하지만 6월 민주 항쟁의 결과 대통령 직선제를 실시할 수는 없었어.

① 파비앙
② 자히드
③ 수잔
④ 줄리안

01 다음 글을 읽고, 아래의 질문에 대답하여 봅시다.

> 최초의 민주주의는 고대 아테네에서 시작되었다. 그런데 아테네의 민주 정치는 오늘날과 다른 점이 크게 세 가지가 있었다. 첫째, 모든 시민이 직접 정치에 참여했다. 아테네는 작은 도시로 이뤄진 나라여서 시민들이 직접 모여 나랏일을 결정하는 게 가능했기 때문이다. 이렇게 모두 모여 직접 결정하는 민주주의를 '직접 민주주의'라고 부른다. 둘째, 여자나 외국인, 노예는 정치에 참여할 수 없었다. 셋째, 되도록 많은 시민이 정치에 참여할 수 있도록 나랏일을 맡길 사람을 추첨을 통해 뽑거나 서로 돌아가면서 나랏일을 맡았다.

1) 민주주의에서 나라의 중요한 일을 결정하는 사람은 누구인가요?
2) 아테네의 민주 정치와 오늘날 한국의 민주 정치는 어떤 점이 다른가요?
3) 자신의 고향 나라의 정치와 한국의 정치는 어떤 점이 비슷하고 어떤 점이 다른가요?

02 다음 내용을 포함하여 '한국의 민주 정치'라는 제목으로 글을 쓰시오.

> • 한국의 정치 제도는 무엇인가요?
> • 국가 권력을 한 사람이 가지면 어떤 문제점이 생길까요?
> • 이 문제를 어떻게 해결하면 좋을까요?

작문 시험 답안지에 제목은 생략하고 본문만 쓰세요.

01 다음이 설명하는 장소는?

> • 국회의원들이 국정을 논의하는 곳이다.
> • 서울시 여의도에 있다.

① 대법원
② 청와대
③ 정부청사
④ 국회의사당

02 다음 빈칸에 알맞은 단어는?

> 국회의원은 선출 방법에 따라 지역구 국회의원과
> [   ] 국회의원으로 나눈다. [   ] 국회의원
> 은 자신이 소속되어 있는 정당의 득표수에 따라 뽑
> 힌 국회의원이다.

① 정당대표
② 비례대표
③ 원내대표
④ 지역대표

03 다음 괄호 안의 숫자들의 합은?

> • 국회의원의 임기는 (A)년이다.
> • 국회의원을 뽑는 선거는 (B)월에 실시한다.
> • 국회의원 수는 (C)명이다. (*2020년 기준)
> • A+B+C=?

① 308
② 309
③ 310
④ 311

04 한국 국회의원의 특권과 의무에 대해 잘못 말한 사람은?

① 수잔: 국회의 동의가 있으면 국회의원도 체포될 수 있다.
② 로빈: 국회의원은 대통령과 달리 재산 공개의 의무가 없다.
③ 자히드: 고위 공직자로서 청렴해야 할 의무가 있다.
④ 파비앙: 국회의원은 다른 국가 기관을 견제할 수 있다.

05 한국의 국회의원 선거에 대한 설명으로 옳은 것은?

① 국회의원 선거는 3년마다 실시한다.
② 국회의원을 뽑는 선거를 총선이라고 한다.
③ 국회의원 수는 각 정당이 자유롭게 정한다.
④ 비례대표는 지역구에서 선출되는 사람이다.

06 〈보기〉의 (가), (나)에 들어갈 용어로 적절한 것은?

> | 〈보기〉 |
> [(가)]은/는 국민의 뜻을 반영하여 국민 생활에
> 필요한 법을 만드는 곳이다. 한국에서는 [(가)]이/가
> [(나)]의 역할을 하고 있다.

	(가)	(나)
①	법원	사법부
②	정부	입법부
③	국회	행정부
④	국회	입법부

01 다음 글을 읽고, 아래의 질문에 대답하여 봅시다.

> 국회의원은 국민의 대표로 뽑힌 사람들이다. 국민이 원하는 것은 무엇인지, 불편해하는 일은 없는지, 바꾸거나 새롭게 만들어야 할 법은 없는지를 고민한다. 국회의원이 될 수 있는 자격은 만 25세 이상이고, 한 번 뽑히면 4년 동안 일을 한다. 이후 선거에서 당선되면 몇 번이고 국회의원 일을 계속할 수 있다. 국회의원은 나라에 어떤 법이 필요한지 살펴서 법을 만들거나 고친다. 또한, 정부가 맡은 일을 잘 하고 있는지 감시하고 견제한다. 그리고 대통령이나 국무총리 등이 큰 잘못을 했을 때 자리에서 물러나도록 요구할 수도 있다.

1) 국회의원이 하는 일을 두 가지 말해 보세요.
2) 국민의 대표로서 국회의원이 꼭 갖추어야 할 자질은 무엇이라고 생각하나요?
3) 자신의 고향 나라에서는 국민의 대표를 어떻게 선출하는지 말해 보세요.

02 다음 내용을 포함하여 '내가 만들고 싶은 법'이라는 제목으로 글을 쓰시오.

> • 법을 만드는 곳은 어디인가요?
> • 법을 만드는 사람은 누구인가요? 어떻게 뽑히나요?
> • 누구를 위해 어떤 법을 만들고 싶나요? 그 이유는 무엇인가요?

작문 시험 답안지에 제목은 생략하고 본문만 쓰세요.

01 행정부에 관한 설명으로 옳은 것은?

① 입법부를 견제하는 권한은 없다.
② 행정부의 최고 책임자는 국무총리이다.
③ 교육부, 법무부, 통일부 등이 행정부에 속한다.
④ 행정부에서 일하는 사람을 국회의원이라고 한다.

02 다음과 관련된 일을 하는 사람은?

> • 행정부의 최고 책임자를 도와 여러 정책을 관리하는 역할을 맡고 있다.
> • 국회의 동의를 받아 행정부의 최고 책임자가 임명한다.

① 대통령
② 국무총리
③ 국회의원
④ 대법원장

03 한국의 대통령에 대한 설명으로 옳지 않은 것은?

① 행정부의 최고 책임자이다.
② 국무총리 임명 권한을 가진다.
③ 한국의 첫 번째 대통령은 이승만 대통령이다.
④ 대통령의 임기는 5년으로 두 번까지 할 수 있다.

04 한국의 대통령이 가진 권한에 대한 설명으로 옳은 것은?

① 헌법을 개정하는 권한
② 국군을 지휘하는 권한
③ 공무원을 파면하는 권한
④ 범죄를 저지른 사람의 형벌을 늘리는 권한

05 〈보기〉의 빈칸에 들어갈 알맞은 인물은?

> | 〈보기〉 |
>
> 1997년 대통령 선거에서는 [   ] 후보가 야당 출신으로는 처음으로 대통령에 당선되면서 평화적 정권 교체를 실현하였다. 이 사람은 2000년에 노벨 평화상을 수상하였다.

① 김영삼
② 김대중
③ 이명박
④ 노무현

06 한국의 각 정부 부처가 주로 하는 일로 적절하지 않은 것은?

① 법무부: 이민 정책 관리
② 교육부: 외국인 등록 관리
③ 고용노동부: 취업과 노동 관리
④ 보건복지부: 감염병 예방 관리

구술형

01 다음 글을 읽고, 아래의 질문에 대답하여 봅시다.

> 한국의 정부 형태는 대통령제이다. 이것은 국민에 의해 뽑힌 대통령이 행정부를 구성하는 방식이다. 대통령은 행정부를 이끌어 가는 최고 책임자로서 나라의 중요한 일을 결정하고 외국에 대해 나라를 대표한다. 또한, 자신을 도와 나랏일을 함께 할 국무총리, 장관 등을 임명한다. 한국에서는 대통령을 국민의 직접 선거로 뽑는다. 대통령의 임기는 5년이고 한 번만 할 수 있다.

1) 한국에서 대통령은 어떤 일을 하고 있나요?
2) 한국에서 대통령을 한 번만 할 수 있도록 한 이유는 무엇이라고 생각하나요?
3) 자신의 고향 나라에서 국가를 대표하는 사람은 누구이고 한국의 대통령과 비교할 때 어떤 차이점이 있는지 말해 보세요.

작문형

02 다음 내용을 포함하여 '내가 대통령이 된다면'이라는 제목으로 글을 쓰시오.

> • 대통령이 된다면 어느 나라의 대통령이 되고 싶습니까?
> • 대통령이 된다면 어떤 일을 하고 싶습니까?
> • 왜 그 일을 하고 싶습니까?

작문 시험 답안지에 제목은 생략하고 본문만 쓰세요.

01 다음과 같은 기관이 소속된 권력 기관은?

> • 대법원
> • 고등법원
> • 지방법원
> • 가정법원

① 행정부
② 입법부
③ 사법부
④ 법무부

02 사법부에 대한 설명으로 옳은 것은?

① 대법원은 사법부에서 가장 높은 기관이다.
② 국회는 사법부의 역할을 담당한다.
③ 법원에서는 대통령이 재판을 담당하고 판결을 내린다.
④ 지방법원의 판결은 최종적인 판단으로 인정된다.

03 삼심제에 대한 설명으로 옳지 <u>않은</u> 것은?

① 공정한 재판을 위한 제도이다.
② 국민의 권리 보호에 기여할 수 있는 제도이다.
③ 같은 사건에 대해 세 번까지 재판을 받을 수 있다.
④ 재판은 대법원–고등법원–지방법원 순서로 진행된다.

04 공정한 재판을 위한 노력에 해당하지 <u>않는</u> 것은?

① 판사의 판결에 누구도 간섭하지 않는다.
② 헌법에서 사법부 독립을 규정하고 있다.
③ 특별한 경우를 제외하고 재판과정을 공개한다.
④ 재판을 한 번만 실시하여 논란이 발생하지 않도록 한다.

05 다음은 법원의 역할에 대한 글이다. 빈칸에 들어갈 말은?

> 법원은 재판을 통해 갈등을 해결한다. 판결을 내리는 사람을 ☐☐☐(이)라고 부르며 법과 양심에 따라 공정한 판결을 내리기 위해 노력한다.

① 검사
② 판사
③ 경찰
④ 변호사

06 결혼, 이혼, 재산 상속, 자녀 양육 등에 관한 분쟁을 해결하기 위한 재판은?

① 민사 재판
② 형사 재판
③ 선거 재판
④ 가사 재판

01 다음 글을 읽고, 아래의 질문에 대답하여 봅시다.

> 한국의 대법원에는 정의의 여신상이 있다. 정의의 여신상은 오늘날 한국의 법이 추구하는 모습을 상징하고 있다. 정의의 여신상은 한 손에는 저울을, 다른 한 손에는 법전을 들고 있다. 저울은 개인의 권리나 잘잘못을 올바르게 판단한다는 뜻이다. 법전은 누구나 법에 따라 공정하게 재판한다는 것이다. 서양에서 정의의 여신상은 눈을 가리고 있으나 한국의 정의의 여신상은 눈을 뜨고 있다. 이는 사회적 약자를 적극적으로 돕겠다는 의미를 담고 있다.

1) 한국의 정의의 여신상은 어디에 있나요?
2) 정의의 여신상의 법전과 저울은 무엇을 의미하나요?
3) 자신의 고향 나라에서 재판을 공정하게 하기 위해서 어떻게 하는지 이야기해 보세요.

02 다음 내용을 포함하여 '정의로운 사회'라는 제목으로 글을 쓰시오.

> • 한국은 정의로운 사회인가요, 그렇지 않은가요?
> • 그렇게 생각하는 이유는 무엇인가요?
> • 정의로운 사회가 되기 위해서는 어떤 노력이 필요할까요?

작문 시험 답안지에 제목은 생략하고 본문만 쓰세요.

01 다음 보기와 관련 있는 선거 원칙은?

> 성별, 권력, 학력 등 조건에 관계없이 한 사람이 한 표씩 투표한다.

① 보통선거
② 평등선거
③ 비밀선거
④ 직접선거

02 사전투표를 실시하는 이유로 가장 적절한 것은?

① 선거 비용을 줄이기 위해서
② 투표 시간을 줄이기 위해서
③ 공정한 선거를 실시하기 위해서
④ 국민의 정치 참여를 높이기 위해서

03 다음 글이 설명하는 제도는?

> 지역 주민이 스스로 자기 지역의 대표자를 뽑아서 지역의 정치를 담당하도록 하는 것

① 삼심제
② 대통령제
③ 지방자치제
④ 비례대표제

04 외국인의 한국 선거 참여에 대한 설명으로 옳은 것은?

① 외국인도 한국 국민과 동등하게 선거에 참여할 수 있다.
② 18세 이상의 외국인은 대통령 선거에 참여할 수 있다.
③ 영주권자인 외국인 중 일부는 지방선거에 참여할 수 있다.
④ 한국에 거주한 지 3년이 넘은 외국인은 국회의원 선거에 참여할 수 있다.

05 선거 원칙에 대한 설명으로 옳지 **않은** 것은?

① 다른 사람이 대신 투표할 수 없다.
② 재산이 많을수록 투표할 수 있는 표가 많아진다.
③ 어떤 후보를 선택했는지 다른 사람이 알지 못하게 한다.
④ 만 18세 이상의 국민은 누구나 선거에 참여할 수 있다.

06 다음은 지방자치제에 대한 설명이다. 빈칸에 들어갈 말은?

> 지방자치제는 지역 주민의 삶에 가까이 밀착되어 있다는 의미에서 '☐☐☐☐ 민주주의'라고도 부른다.

① 소나무
② 풀뿌리
③ 무궁화
④ 거미줄

01 다음 글을 읽고, 아래의 질문에 대답하여 봅시다.

> 지역 주민이 스스로 자기 지역의 대표자를 뽑아서 지역의 정치를 담당하도록 하는 것을 지방자치제라 한다. 각 지역마다 처한 상황이나 문제가 다르기 때문에 정부에서 각 지역의 요구를 모두 처리하기가 어렵다. 그래서 각 지역의 자치단체와 주민이 지역의 일에 스스로 참여하고 해결하는 지방자치제가 필요하다. 지방자치제는 중앙 정부가 권력을 함부로 사용하는 것을 막을 수 있고 지역 주민이 일상적으로 정치에 참여할 수 있다는 점에서 민주주의를 잘 실현할 수 있는 제도이다. 지방자치제는 지역 주민의 삶에 가까이 붙어 있다는 의미에서 '풀뿌리 민주주의'라고도 불린다.

1) 지방자치제가 필요한 이유는 무엇인가요?
2) 지방자치제를 풀뿌리 민주주의라고도 부르는 이유는 무엇인가요?
3) 자신의 고향 나라에서 지역의 살림을 담당하는 책임자나 관리는 어떻게 정하는지 이야기해 보세요. (선거, 임명 등)

02 다음 내용을 포함하여 '내가 사는 지역'이라는 제목으로 글을 쓰시오.

> • 내가 사는 지역의 좋은 점은 무엇인가요?
> • 내가 사는 지역의 문제점은 무엇인가요?
> • 지역의 문제를 해결하기 위해 노력한 것은 무엇인가요?

작문 시험 답안지에 제목은 생략하고 본문만 쓰세요.

제 5 편

경제

01 〈보기〉의 (가), (나)에 들어갈 용어로 적절한 것은?

| 〈보기〉 |

경제 활동이란 사람이 살아가는 데 필요한 ___(가)___
와 ___(나)___ 를 만들어 사고 팔며 사용하는 모든 활동
을 말한다.

> (가) 의 예: 책, 스마트폰, 화장품
> (나) 의 예: 수업, 물건 배달, 의사의 진료

	(가)	(나)
①	서비스	욕구
②	서비스	재화
③	재화	서비스
④	재화	욕구

02 한국의 물가에 대한 설명으로 옳은 것은?

① 서울과 그 주변 지역의 부동산 가격은 지방 소도시에
비해 싸다.
② 한국의 공공요금이 싼 이유는 정부나 정부 관련 기관
이 관여하고 있기 때문이다.
③ 한국은 농지나 목장이 다른 나라에 비해 넓기 때문에
식재료가 상당히 싼 편이다.
④ 물건을 사고 파는 일상적인 경제 활동에서는 일반적
으로 물가가 큰 영향을 미치지 못한다.

03 한국의 화폐에 대한 설명 중 옳지 <u>않은</u> 것은?

① 동전은 1원, 5원, 10원, 50원, 100원, 500원이 있다.
② 수표를 사용할 경우에는 본인의 신분증을 제시해야
한다.
③ 10,000원권 지폐에는 유일하게 여성 인물이 그려져
있다.
④ 동전이나 지폐보다는 신용카드의 사용 비중이 점점
늘고 있다.

04 최근 스마트폰 사용이 더욱 늘어나면서 이와 함께 증가
하고 있는 결제 수단은?

① 수표
② 체크카드
③ 신용카드
④ 모바일 간편 결제

05 다음 빈칸에 들어갈 알맞은 말로 가장 적절한 것은?

월급을 받으면 옷을 살까, 영화를 볼까, 저축을 한다
면 얼마를 할까 등과 같이 어디에, 어떻게 사용하는
것이 좋을지 결정해야 한다. 그러나 현실적으로는
제한된 비용과 시간으로 모든 것을 다 할 수는 없기
때문에 다양한 기준과 대안을 살펴보고 _____으로
선택해야 한다.

① 즉흥적
② 주관적
③ 독립적
④ 합리적

06 다음 중 바람직한 경제 활동으로 옳은 것은?

① 무조건 가격이 싼 것을 구입한다.
② 사고 싶은 물건을 발견하면 바로 구입한다.
③ 비슷한 가격이라면 자신에게 가장 가치 있는 것을 구
입한다.
④ 상품에 대한 설명이나 정보는 자세히 읽어보지 않아
도 된다.

01 다음 글을 읽고, 아래의 질문에 대답하여 봅시다.

> 합리적인 선택을 하기 위해서는 먼저 정보를 충분히 수집할 필요가 있다. 예를 들어 컴퓨터를 살 때에도 먼저 제품별 가격의 차이, 어디에서 사면 더 저렴한지, 제품의 성능은 좋은지, 기존에 사용한 사람들의 의견은 어떤지, 고장이 났을 경우 수리를 잘 받을 수 있는지 등에 대해 알 수 있다면 많은 도움이 될 것이다. 제품이나 서비스와 관련한 정보를 올바르게 활용하기 위해서는 첫째, 정보를 제공하는 사람이나 출처 확인, 둘째, 정보가 만들어진 시점, 셋째, 정보가 사실을 바탕으로 한 것인지 확인, 넷째, 제품이나 서비스에 대한 객관적인 평가와 사용 후기를 꼼꼼히 살펴보는 것이 중요하다.

1) 합리적인 선택을 하기 위해 수집한 정보에 대해서 무엇을 확인해 봐야 하나요?
2) 한국에서 제품을 구매하려고 할 때, 정보는 주로 어디에서 얻고 있나요?
3) 자신의 고향 나라에서는 제품이나 서비스에 대한 정보를 소비자가 어디에서 어떻게 얻고 있나요?

02 다음 내용을 포함하여 '나에게 1백만 원이 주어진다면'이라는 제목으로 글을 쓰시오.

> • 만약 나에게 1백만 원이 주어진다면 어떻게 사용하겠습니까?
> • 그렇게 사용하기로 선택한 이유는 무엇입니까?
> • 1백만 원을 합리적으로 사용하기 위해 정보는 어떻게 활용하였습니까?

작문 시험 답안지에 제목은 생략하고 본문만 쓰세요.

(26) 경제 성장

01 한국의 경제 성장에 대한 설명 중 옳지 <u>않은</u> 것은?

① 한국은 6·25 전쟁을 겪으면서 산업 시설이 대부분 파괴되었다.
② 1950~60년대에는 주로 옷, 신발, 가방, 가발 등을 수출하였다.
③ 1980년대에는 주로 문화 컨텐츠와 의료 서비스 등을 수출하였다.
④ 2000년 이후에는 반도체, 휴대폰, 신소재 등의 수출이 증가하였다.

02 다음 중 한국이 빠르게 경제 성장을 할 수 있었던 요인이 <u>아닌</u> 것은?

① 풍부한 노동력
② 적극적인 수입
③ 뜨거운 교육열
④ 경제 위기를 극복하겠다는 의지

03 다음 빈칸에 들어갈 알맞은 말은?

> 1997년 한국의 외환 위기, 2008년 세계적인 금융 위기로 한 때 어려움을 겪기도 했지만, 결국 이를 극복하였다. 과거에 매우 가난했던 한국이 지금처럼 눈부신 성장을 한 것을 가리켜 사람들은 ☐☐☐☐ (이)라고 부른다.

① 한강의 노력
② 한강의 복구
③ 한강의 소득
④ 한강의 기적

04 한국과 다른 나라와의 경제 교류에 대한 설명으로 옳은 것은?

① 한국이 처음으로 자유무역협정(FTA)을 맺은 나라는 미국이다.
② 한국은 다른 나라와 자유무역협정(FTA)을 맺으면서 관세를 높이고 있다.
③ 한국의 수출과 수입을 합친 무역 규모는 꾸준히 세계 상위권을 유지하고 있다.
④ 한국이 무역 강국이 될 수 있었던 이유는 수출이 늘고 수입이 줄었기 때문이다.

05 다음 중 한국이 가장 많이 수입하는 상품은?

① 선박
② 원유
③ 반도체
④ 자동차

06 다음 중 한국과 다른 나라와의 경제 협력에 대한 설명으로 옳은 것은?

① 한국은 경제 강국이 된 이후 선진국의 경제 성장을 지원하고 있다.
② 한국은 과거에 원조를 하다가 이제 원조를 받게 된 최초의 나라이다.
③ 한국은 6·25 전쟁 이후 지금까지도 세계 여러 나라로부터 원조를 받고 있다.
④ 한국은 한국국제협력단(KOICA)을 중심으로 경제가 어려운 나라를 지원하고 있다.

01 다음 글을 읽고, 아래의 질문에 대답하여 봅시다.

> 한국이 빠르게 경제 성장을 할 수 있었던 요인은 무엇일까? 첫째, 풍부한 노동력이다. 한국은 영토가 좁고 자원이나 기술, 돈은 적은 편이었지만, 인구는 많은 편이었다. 이를 경제 성장에 적극 활용하였다. 둘째, 뜨거운 교육열이다. 단지 일할 사람이 많았다는 사실보다는 그들이 적절하고 필요한 교육을 받아 우수한 노동력이 되었다는 점이 중요하다. 셋째, 경제 위기를 극복하겠다는 의지이다. 한국은 지속적인 경제 성장을 위해 우수한 인재를 확보하고 첨단 기술을 개발하기 위한 노력을 계속하고 있다.

1) 한국이 경제 성장을 이룰 수 있었던 중요한 요인에는 무엇이 있나요?
2) 나라가 경제 성장을 하기 위해서 가장 필요한 것은 무엇이라고 생각하나요?
3) 자신의 고향 나라에서는 경제 성장을 위해 어떤 노력을 기울이고 있나요?

02 다음 내용을 포함하여 '고향 나라의 경제 성장 과정'이라는 제목으로 글을 쓰시오.

> • 자신의 고향 나라의 경제 성장은 어떤 과정으로 진행되고 있습니까?
> • 자신의 고향 나라의 정부와 국민은 경제 발전을 위해 어떤 노력을 기울이고 있습니까?
> • 자신의 고향 나라의 대표적인 수출품과 수입품에는 무엇이 있습니까?

작문 시험 답안지에 제목은 생략하고 본문만 쓰세요.

01 24시간 문을 열며 식료품과 간단한 생활용품을 판매하는 곳은?

① 백화점
② 편의점
③ 슈퍼마켓
④ 대형 마트

02 다음 중 한국의 시장에 대한 설명으로 옳은 것은?

① 슈퍼마켓은 주차장이 넓고 물건 종류가 많아 인기가 높다.
② 전통 시장은 주로 인구가 많은 도시의 중심 지역에 자리 잡고 있다.
③ 백화점에서는 상점 주인과 고객이 가격 흥정을 하는 모습을 흔히 볼 수 있다.
④ 5일장에서는 지역 특산품이나 상인이 직접 키운 농산물 등을 사고 팔 수 있다.

03 다음 중 온라인 쇼핑의 특징으로 적절한 것은?

① 온라인 쇼핑을 이용하는 소비자의 수가 점차 줄어들고 있다.
② 스마트폰과 같은 모바일 기기를 활용하여 쉽게 쇼핑할 수 있다.
③ 직접 물품을 보고 구입할 수 있으므로 소비자 입장에서는 안전하다.
④ 원하는 상품을 주문할 때는 반드시 현금으로 직접 지불해야 한다.

04 소비자의 책임에 대한 설명으로 옳은 것을 〈보기〉에서 모두 고른 것은?

───┤ 〈보기〉 ├───
ㄱ. 상품을 구입하고 받은 영수증은 즉시 버린다.
ㄴ. 상품을 구입할 때는 가격과 품질을 비교한다.
ㄷ. 구입한 상품의 사용설명서나 주의 사항을 읽어 본다.
ㄹ. 자원 절약과 환경 보호는 소비자가 아닌 생산자가 해야 할 일이다.

① ㄱ, ㄴ
② ㄱ, ㄷ
③ ㄴ, ㄷ
④ ㄴ, ㄹ

05 상품이 사람들 사이에 안전하게 거래될 수 있도록 하기 위해 정해 놓은 기간의 명칭은?

① 유통기한
② 생산기한
③ 소비기한
④ 사용기한

06 다음 빈칸에 들어갈 기관의 명칭은?

구입한 제품에서 문제가 발생한 경우에는 먼저 그 물건을 구입한 상점이나 그것을 만든 기업과의 상담을 통해 피해를 보상받을 수 있다.
만약 여기에서 문제가 해결되지 않고, 전문가의 협조가 필요한 경우에는 [   ], 소비자단체 등 소비자를 지원해 주는 전문 기관의 도움을 받을 수 있다. 이들 기관은 생산자와 소비자 중 누구에게 책임이 있는지 밝혀주고 생산자의 잘못일 경우 적절한 보상이 이루어지도록 소비자를 도와준다.

① 여성가족부
② 한국소비자원
③ 지방자치단체
④ 식품의약품안전처

01 다음 글을 읽고, 아래의 질문에 대답하여 봅시다.

> 한국에는 다양한 종류의 시장이 있다. 날마다 열리는 시장을 상설 시장이라고 하는데 전통 시장, 대형 마트, 백화점, 편의점, 슈퍼마켓 등이 여기에 해당한다. 3일에 한 번씩 열리면 3일장, 5일에 한 번씩 열리면 5일장인 정기 시장도 있다. 그리고 정보 통신 기술이 발달하면서 텔레비전 홈쇼핑과 온라인 쇼핑 비중이 크게 증가하고 있다. 텔레비전 홈쇼핑 채널에서 홍보하는 상품을 전화로 구입할 수 있으며, 최근에는 모바일 기기로도 주문할 수 있다. 인터넷을 이용하여 언제 어디서나 편리하게 상품을 주문하고 배달받을 수 있는 온라인 쇼핑의 인기도 꾸준히 높다.

1) 한국에서 장을 볼 수 있는 방법에는 무엇이 있나요?
2) 한국에서 장을 볼 때 본인이 자주 이용하는 곳은 어디이며 그 이유는 무엇인가요?
3) 한국에서 장보기를 자신의 고향 나라와 비교했을 때, 공통점 또는 차이점은 무엇인가요?

02 다음 내용을 포함하여 '나의 소비 생활'이라는 제목으로 글을 쓰시오.

> • 평소 일상생활에서 나의 소비 생활은 어떠합니까?
> • 사고 싶은 제품이 있으면 바로 구입합니까 아니면 절약을 하는 편입니까?
> • 나의 소비 생활에서 고쳐야 할 점이나 다른 사람에게 알려주고 싶은 것은 무엇입니까?

작문 시험 답안지에 제목은 생략하고 본문만 쓰세요.

01 다음 중 한국의 은행에 대한 설명으로 옳지 <u>않은</u> 것은?

① 한국 돈과 외국 돈을 서로 바꿔준다.
② 업무 시간은 오전 9시부터 오후 6시까지이다.
③ 공과금이나 아파트 관리비를 은행에 낼 수 있다.
④ 돈을 필요로 하는 사람 또는 기업에게 빌려준다.

02 다음 은행 중 그 성격이 나머지 셋과 <u>다른</u> 것은?

① 신한은행
② 우리은행
③ 한국은행
④ 국민은행

03 다음 빈칸에 공통으로 들어갈 용어로 옳은 것은?

> 최근에는 지점을 따로 만들지 않고 온라인 네트워크를 통해 금융서비스를 제공하는 [   ]도 등장하였다. [   ]은 기존의 은행에 비해 사용 절차가 간단하고 수수료가 낮으며 언제 어느 때나 이용할 수 있다는 점에서 인기가 높다.

① 시중은행
② 지방은행
③ 상호저축은행
④ 인터넷 전문 은행

04 다음 빈칸에 들어갈 알맞은 말은?

> 은행 계좌를 만들기 위해서는 반드시 본인이 신분증을 가지고 직접 은행을 방문해야 한다. 한국에서는 모든 금융 거래를 본인 자신의 이름으로만 하도록 하는 [   ]가 실시되고 있기 때문이다.
> 자신의 이름을 다른 사람에게 빌려주거나 다른 사람의 이름을 빌려서 계좌를 만들면 처벌을 받게 된다.

① 금융실명제
② 금융감독제
③ 인감증명제
④ 본인책임제

05 다음 금융 거래에 대한 설명 중 옳지 <u>않은</u> 것은?

① OTP는 다른 사람과 공유하지 않도록 한다.
② 입·출금을 알려주는 문자서비스를 신청할 수 있다.
③ ATM(현금자동입출금기)에서는 입·출금 업무만 가능하다.
④ 자신이 모르는 돈 거래가 있을 경우 은행이나 경찰서에 신고한다.

06 다음 빈칸에 들어갈 용어로 옳은 것은?

> 인터넷 뱅킹이나 스마트폰 뱅킹은 집에서도 컴퓨터나 스마트폰을 통해 계좌이체, 계좌조회 등 다양한 은행 업무를 편리하게 볼 수 있는 서비스이다. 이를 활용하려면 먼저 [   ]을 가지고 은행에 가서 신청서를 작성해야 한다.

① 도장
② 통장
③ 휴대폰
④ 신분증

01 다음 글을 읽고, 아래의 질문에 대답하여 봅시다.

> 한국에서는 사람들이 안심하고 예금할 수 있도록 '예금자 보호 제도'를 시행하고 있다. 거래하고 있던 금융 기관이 부실해지거나 망하여 예금을 지급할 수 없게 되는 경우, 예금보험공사가 책임지고 대신 예금을 지급해 주는 제도이다.
>
> > Q: 8천만 원을 A은행에 예금하려고 합니다. 이 금액은 어떤 경우라도 모두 돌려받을 수 있나요?
> > A: 그렇지 않습니다. 원금과 이자를 합쳐 1인당 최고 5천만 원까지만 보호해 줍니다.
> > Q: 저와 남편의 이름으로 각각 4천만 원씩 예금해도 되나요?
> > A: 그렇습니다. 금융 기관 1개당, 그리고 1인당 5천만 원까지 보장해주므로 가족 수만큼 모두 보호받을 수 있습니다.

1) 예금자 보호 제도란 무엇인가요?
2) 금융 거래를 안전하게 하기 위해서는 어떻게 해야 하나요?
3) 자신의 고향 나라에서는 금융 거래를 할 때 어떤 점을 주의해야 하나요?

02 다음 내용을 포함하여 '금융 사기 예방법'이라는 제목으로 글을 쓰시오.

> • 금융 사기란 무엇입니까?
> • 금융 사기에는 어떤 종류가 있습니까?
> • 금융 사기를 예방하고 주의하기 위해서는 어떻게 해야 합니까?

작문 시험 답안지에 제목은 생략하고 본문만 쓰세요.

01 한국의 일자리 상황에 대한 설명으로 옳은 것을 〈보기〉에서 모두 고른 것은?

| 〈보기〉 |

ㄱ. 한국의 실업률은 미국이나 유럽 국가에 비해 매우 높다.
ㄴ. 전체 근로자 중 비정규직 근로자의 비중이 낮아지고 있다.
ㄷ. 선진국에 비해 여성의 경제 활동 참가 비율이 낮은 편이다.
ㄹ. 한국 정부는 실업자와 근로자를 위한 사회보장제도를 확대하고 있다.

① ㄱ, ㄴ
② ㄱ, ㄷ
③ ㄴ, ㄷ
④ ㄷ, ㄹ

02 일자리 지원을 위한 정부의 대책에 대한 설명으로 옳지 않은 것은?

① 직장을 구하는 청년에게 구직 활동 지원금을 제공하고 있다.
② 실업자가 다시 취직할 수 있도록 교육 프로그램을 제공하고 있다.
③ 육아를 하는 여성을 위해 출산 및 육아휴직제도를 권장하고 있다.
④ 은퇴 후에 일하고자 하는 70세 이상 인구부터 재취업을 지원하고 있다.

03 근로자들의 능력을 개발하는 프로그램을 통해 산업에 필요한 인력을 길러내는 국가기관 명칭은?

① 취업 박람회
② 평생 교육 기관
③ 한국산업인력공단
④ 외국인 근로자 지원센터

04 취업을 위한 준비나 노력으로 적절하지 않은 것은?

① 전문성을 갖추기 위해 자격증을 취득한다.
② 자신이 희망하는 직업 구인 광고를 잘 살핀다.
③ 해당 분야에서 필요한 직업 교육을 열심히 받는다.
④ 취업을 위한 면접을 할 때 소극적인 모습을 보인다.

05 다음 빈칸에 들어갈 알맞은 말은?

취업 과정에서 직업에 필요한 개인의 학력이나 관련된 경험, 자신이 갖고 있는 자격증을 적어 사업체에 제출하는 문서를 [   ](이)라고 한다.

① 자격증
② 이력서
③ 신분증
④ 공고문

06 〈보기〉의 (가), (나)에 들어갈 용어로 적합한 것은?

| 〈보기〉 |

취업할 때에는 자신이 취업하려고 하는 업체가 하는 일은 무엇이며, 정식으로 등록되어 있는지 확인해야 한다. 취업 시에는 [(가)]를 반드시 작성하여 취업 이후에도 임금이나 근로조건 등에서 부당한 대우를 받지 않도록 근로자가 누릴 수 있는 기본적인 권리에 관해 살펴볼 필요가 있다.
특히 이민자나 외국인의 경우 일자리와 관련된 문제가 발생하여 도움이 필요한 경우에는 [(나)]나 한국산업인력공단, 각 지역의 외국인 근로자 지원센터 등에 문의하여 도움을 받는 것이 좋다.

	(가)	(나)
①	자기소개서	행정안전부
②	자기소개서	고용노동부
③	근로 계약서	행정안전부
④	근로 계약서	고용노동부

01 다음 글을 읽고, 아래의 질문에 대답하여 봅시다.

> 스펙이란 영어 'Specification'의 줄임말로 취업을 준비하는 청년이나 구직자가 취직하기 위해 갖추어야 하는 여러 가지 요소를 가리킨다. 최근 한국에서는 취직 경쟁이 치열해지면서 이러한 스펙을 갖추는 것이 무척 중요해졌다. 흔히 취업 준비생들은 직장을 구할 때 학위, 학점, 영어 점수, 실무 경험 등을 갖춤으로써 자신이 다른 사람보다 더 나은 인력이라는 것을 증명하려고 한다. 스펙 자체가 능력은 아니기 때문에 스펙에 지나치게 집중하는 것에 대한 부정적인 의견도 있지만, 취직할 때 자신의 능력을 보여주는 객관적인 지표가 될 수도 있다는 점에서 이를 완전히 무시할 수는 없다.

1) 한국에서 취업을 준비하는 사람들은 왜 스펙을 쌓기 위해 노력하나요?
2) 여러 가지 스펙 중에서 특별히 어떤 것이 중요하다고 생각하나요? 그 이유는 무엇인가요?
3) 자신의 고향 나라에서 인기 있는 직업은 무엇인가요? 그 직업을 갖기 위해서는 어떤 노력이 필요한가요?

작문형

02 다음 내용을 포함하여 '나의 희망 직업'이라는 제목으로 글을 쓰시오.

> - 한국에서 갖고 싶은 직업은 무엇입니까?
> - 그 직업을 갖고 싶은 이유와 그 직업의 특징은 무엇입니까?
> - 그 직업을 갖기 위해 자신은 어떤 노력을 하고 있습니까?

작문 시험 답안지에 제목은 생략하고 본문만 쓰세요.

제 6 편

법

01 다음에 제시된 내용을 가리키는 용어로 옳은 것은?

> • 법의 궁극적인 목적
> • 옳고 그름을 판단하여 각자가 받아야 할 정당한 몫을 주는 것

① 자유
② 평등
③ 정의
④ 질서

02 다음 빈칸에 들어갈 말은?

> 법을 통해 사람들의 권리를 보호하고 사회 질서를 유지하기 위해서는 좋은 법을 만드는 노력과 함께 사람들의 [   ]이 필요하다. 좋은 법이 있어도 사람들이 지키지 않는다면 법이 제대로 기능할 수 없기 때문이다.

① 민족 의식
② 준법 정신
③ 협동 정신
④ 분쟁 해결

03 외국인이 누릴 수 있는 법적 권리를 〈보기〉에서 고른 것은?

> ┤〈보기〉├
> ㄱ. 대통령 선거에서 투표할 권리
> ㄴ. 자녀가 의무교육을 받을 권리
> ㄷ. 건강보험 의료 서비스를 받을 권리
> ㄹ. 법에 정해진 세금을 내지 않을 권리

① ㄱ, ㄷ
② ㄱ, ㄹ
③ ㄴ, ㄷ
④ ㄴ, ㄹ

04 외국인의 법적 권리에 대한 설명으로 옳은 것은?

① 한국에서 외국인의 인권은 보장되지 않는다.
② 외국인의 지위와 권리는 법에 규정되어 있지 않다.
③ 외국인은 한국인이 아니므로 지방 선거에 참여할 수 없다.
④ 외국인은 임금이나 노동조건 등에서 부당한 이유로 차별받지 않는다.

05 대화에 나타난 갑과 을에 대한 설명으로 옳은 것은?

> 갑: 오늘은 한국에서 선거가 치러지는 임시공휴일이야. 나는 지금 막 투표하고 오는 길인데 자네도 투표했어?
> 을: 당연히 나도 투표했지. 우리 같은 외국인도 투표할 수 있는 선거니까 당연히 참여해야지.

① 불법 체류자이다.
② 국회의원 선거에 참여하였다.
③ 영주권을 가지고 있는 상태이다.
④ 한국에서 거주한 지 1년을 넘지 않았다.

06 외국인의 법적 의무에 대해 올바르게 이해한 사람은?

① 로빈: 한국의 법은 한국인만 지키면 된다.
② 파비앙: 외국인은 한국의 법을 잘 몰라도 된다.
③ 수잔: 한국의 공공질서는 외국인과는 관계가 없다.
④ 자히드: 외국인도 한국 법에서 정하는 세금을 내야 한다.

구술형

01 다음 글을 읽고, 아래의 질문에 대답하여 봅시다.

> 법은 사회 구성원의 지혜와 합의를 통해 만들어진 규범이다. 법의 목적은 정의를 실현하는 것이다. 정의란 옳고 그름을 판단하여 각자가 받아야 할 정당한 몫을 주는 것을 말한다. 정의 실현을 위해서는 좋은 법을 만들고 그 법을 지키기 위해 노력해야 한다. 오늘날 한국에서는 법이 시대에 맞지 않거나 잘못된 내용을 포함하고 있을 때 국회의원을 비롯한 정치인과 시민들이 그에 대해 문제를 제기하고 고쳐 나가고 있다.

1) 법의 목적은 무엇인가요?
2) 한국의 법 중에 고쳐져야 한다고 생각하는 법은 무엇인가요? 그 이유는 무엇인가요?
3) 자신의 고향 나라의 법 중에 고쳐져야 한다고 생각하는 법은 무엇인가요? 그 이유는 무엇인가요?

작문형

02 다음 내용을 포함하여 '준법'이라는 제목으로 글을 쓰시오.

> • 사람들이 법을 잘 지키지 않으면 어떤 문제가 생길까요?
> • 외국인이 법을 잘 지키기 위해서는 어떤 노력이 필요할까요?
> • 외국인이 법을 잘 지키면 어떤 좋은 점이 있을까요?

작문 시험 답안지에 제목은 생략하고 본문만 쓰세요.

01 다음 (가), (나)에 들어갈 용어로 적절한 것은?

> 한국으로 들어오고자 하는 외국인은 기본적으로 유효 기간이 남아 있는 ⬚(가)⬚ 와/과 ⬚(나)⬚ 을/를 갖고 있어야 한다. ⬚(가)⬚ 은/는 외국을 여행하는 사람의 국적이나 신분을 증명해 주는 문서이며, ⬚(나)⬚ 은/는 한국 정부에서 외국인의 입국을 허가하는 증명서를 의미한다.

	(가)	(나)
①	여권	비자
②	여권	국적
③	영주권	비자
④	영주권	국적

02 비자와 한국 체류에 대한 설명으로 옳은 것은?

① 비자는 여권이라고도 부른다.
② 비자만 있으면 입국심사결과와 상관 없이 입국할 수 있다.
③ 관광, 방문 등의 목적으로는 90일 이하로 단기 체류할 수 있다.
④ 장기 체류를 위해서는 우선 행정복지센터에서 주민등록신고를 해야 한다.

03 〈보기〉에 제시된 사람들의 공통점으로 옳은 것은?

> ┤〈보기〉├
> • 마약 중독자
> • 감염병 환자
> • 총, 칼, 화약 등을 가지고 있는 사람

① 한국의 법에 따라 처벌받는다.
② 입국허가를 받지 못할 수 있다.
③ 한국에서 병원 진료를 받아야 한다.
④ 외국인으로서의 권리를 보장받지 못한다.

04 다음 (가)에 들어갈 법으로 옳은 것은?

> 한국에서는 외국인의 한국 사회 적응을 돕기 위해 2007년 ⬚(가)⬚ 을/를 제정하였다. 이 법에 따라 국가 및 지방자치단체에서는 다문화에 대한 이해를 증진하기 위해 노력하고 있으며, 매년 5월 20일을 세계인의 날로 정하여 한국인과 재한외국인이 서로의 문화와 전통을 존중하도록 돕고 있다.

① 민법
② 국제법
③ 출입국관리법
④ 재한외국인처우기본법

05 외국인을 지원하는 한국의 제도를 〈보기〉에서 고른 것은?

> ┤〈보기〉├
> ㄱ. 다국어 전화 상담서비스가 운영되고 있다.
> ㄴ. 난민 신청을 한 외국인을 모두 허가하고 수용한다.
> ㄷ. 외국인이 인권을 침해당한 경우 신고할 수 있다.
> ㄹ. 외국인 등록을 하지 않아도 90일 이상 체류할 수 있다.

① ㄱ, ㄷ
② ㄱ, ㄹ
③ ㄴ, ㄷ
④ ㄴ, ㄹ

06 다음은 한국의 외국인 의료지원에 관한 설명이다. 다음 빈칸 안에 들어갈 금액으로 옳은 것은?

> 한국에서는 한국의 건강보험 등 의료보장제도에 의해 의료혜택을 받을 수 없는 외국인근로자에게 1회 ⬚⬚⬚ 한도에서 입원부터 퇴원까지 진료비를 지원하여 최소한의 건강한 삶을 보장받을 수 있도록 돕고 있다.

① 10만원
② 100만원
③ 300만원
④ 500만원

01 다음 글을 읽고, 아래의 질문에 대답하여 봅시다.

> 국제연합(UN)에서는 5월 21일을 '세계 문화 다양성의 날'로 정하였다. 세계가 어느 하나의 문화만이 아니라 다양한 문화를 보호하고 존중하자는 뜻을 여기에 담았다. 한국에서도 2007년 제정된 '재한외국인 처우 기본법'에 따라 국민과 외국인이 한국에서 함께 조화를 이루며 살아갈 수 있는 사회 분위기를 만들기 위해 '세계인의 날'을 지정했다. 그런데 5월 21일이 '부부의 날'과 겹쳐서 하루 전날인 5월 20일을 최종적으로 '세계인의 날'로 정했다.

1) 한국에서 '세계인의 날'은 언제이며 왜 그 날짜로 정했나요?
2) 한국에서 '세계인의 날'을 만든 이유는 무엇인가요?
3) 한국 사람들과 즐겁게 어울렸던 경험이 있나요? 만약 없다면 한국 사람들과 어떤 활동을 같이 해 보고 싶은지 말해 보세요.

02 다음 내용을 포함하여 '한국 입국과 체류'라는 제목으로 글을 쓰시오.

> • 외국인이 한국에 들어올 때 준비해야 할 서류는 무엇입니까?
> • 한국에 처음 들어왔을 때 받은 느낌은 어떠했습니까?
> • 한국에 계속 체류하기 위해 필요한 것은 무엇입니까?

작문 시험 답안지에 제목은 생략하고 본문만 쓰세요.

01 다음 (가)~(다)에 들어갈 말을 바르게 연결한 것은?

> [가] 은 한 사람이 어느 국가의 국민으로서 인정받는 자격을 가리킨다. [나] 은 일정한 요건을 갖춘 외국인이 다른 나라에서 영구적으로 오랫동안 머무를 수 있는 자격을 말한다. 한국과 달리 미국, 캐나다, 호주 등에서는 [다] 을 가진 사람이 곧 그 나라의 국민으로서 각종 권리와 의무의 주체가 된다.

	(가)	(나)	(다)
①	국적	영주권	시민권
②	국적	시민권	영주권
③	영주권	시민권	국적
④	시민권	영주권	국적

02 다음 (가)에 들어갈 용어로 옳은 것은?

> 대한민국 국민 중에서 외국에서 생활하고 있는 사람을 [가] (이)라고 한다. 이들은 대한민국 국적을 유지하면서 외국에 거주한다.

① 시민
② 이주민
③ 재외국민
④ 외국국적 동포

03 (가), (나)는 모두 한국 국적을 갖게 되었다. 국적을 취득할 수 있었던 이유에 대한 설명으로 옳은 것은?

> (가): 아버지가 베트남인이고, 어머니가 한국인임. 한국에서 태어나 5년 동안 한국에 거주했음.
> (나): 부모는 무국적자로 한국에서 생활하고 있음. 한국에서 태어난 지 이제 10년이 되었음.

① (가)는 어머니가 한국인이기 때문이다.
② (가)는 태어난 곳이 한국이기 때문이다.
③ (나)는 10년 이상 한국에 거주했기 때문이다.
④ (나)는 부모가 한국 국적을 가지고 있기 때문이다.

04 다음 자료에 제시된 외국인이 신청하기에 적합한 귀화방식으로 가장 적절한 것은?

> • 부모 중 한쪽이 과거 한국 국민이었으며, 한국에서 3년 이상 거주한 외국인
> • 배우자가 대한민국 국민이며, 한국에 2년 이상 계속 거주하는 경우

① 일반귀화
② 간이귀화
③ 특별귀화
④ 정기귀화

05 귀화방법 (가)의 신청 조건으로 옳은 것은?

> [가] 은/는 대한민국과 혈연적, 지연적 관계가 없는 외국인이 대한민국 국적을 취득하는 절차이다.

① 15세 이상이어야 한다.
② 한국에서 10년 이상 거주해야 한다.
③ 영주(F-5) 자격을 소지하고 있어야 한다.
④ 배우자나 부모가 대한민국 국민이어야 한다.

06 자료에 나타난 사람에게 해줄 수 있는 조언으로 가장 적절한 것은?

> 저는 ○○국 아이스하키 대표 선수였어요. 대한민국 국민이 되어서 다가오는 올림픽에서 대한민국 국가대표가 되고 싶습니다. 올림픽까지 2년도 남지 않았는데 어떻게 하면 대한민국 국민이 될 수 있을까요?

① 한국인과 결혼하세요.
② 특별귀화를 신청해보세요.
③ 대한민국에서 5년 이상 거주하세요.
④ 부모님이 과거에 한국인이었는지 확인해 보세요.

01 다음 글을 읽고, 아래의 질문에 대답하여 봅시다.

> 국적이란 한 사람이 특정한 국가의 국민으로 인정받는 자격을 말한다. 국적을 얻을 수 있는 자격은 각 국가의 법에 정해져 있다. 미국과 캐나다 등 출생지주의를 택하는 국가는 그 나라에서 태어나면 국적을 얻을 수 있다. 이와 달리 한국은 혈통주의를 택하고 있어서 태어난 아이의 부모 중 한 명이 한국인이면 한국 국적을 얻을 수 있다. 한편, 영주권은 국적과 달리, 일정한 요건을 갖춘 외국인이 다른 나라에서 영구적으로 오랫동안 거주할 수 있는 자격을 가리킨다.

1) 국적과 영주권은 어떻게 다른가요?
2) 출생지주의와 혈통주의의 차이는 무엇인가요?
3) 자신의 고향 나라의 국적을 얻는 방법은 무엇인가요?

02 다음 내용을 포함하여 '내가 한국 국적을 얻게 된다면'이라는 제목으로 글을 쓰시오.

> • 한국 국적을 얻게 되면 자신에게 어떤 점이 도움이 되나요?
> • 일반귀화, 간이귀화, 특별귀화의 차이는 무엇인가요?
> • 자신에게 가장 적합한 귀화 방법은 무엇인가요?

작문 시험 답안지에 제목은 생략하고 본문만 쓰세요.

(33) 가족과 법

01 다음 빈칸 (가)에 들어갈 용어로 옳은 것은?

> 한국에서 두 사람이 정식으로 부부로 인정받기 위해서는 ___(가)___ 을/를 해야 한다.

① 동거
② 결혼식
③ 신혼여행
④ 혼인신고

02 재산 소유 및 관리와 관련된 부부의 권리로 옳은 것은?

① 부부의 모든 재산은 함께 소유해야 한다.
② 혼인 전부터 갖고 있던 재산도 혼인하면 공동의 재산이 된다.
③ 결혼 후 얻은 재산은 부부 중 직접 돈을 벌어오는 사람의 소유가 된다.
④ 일상적인 거래를 할 때 부부가 서로를 대신해 물건을 구입할 수 있다.

03 〈보기〉에서 부부의 의무를 모두 고른 것은?

> | 〈보기〉 |
> ㄱ. 함께 살아야 할 의무
> ㄴ. 자녀를 낳아 길러야 할 의무
> ㄷ. 배우자와 같은 종교를 믿을 의무
> ㄹ. 생활 비용을 공동으로 부담할 의무

① ㄱ, ㄷ
② ㄱ, ㄹ
③ ㄴ, ㄷ
④ ㄴ, ㄹ

04 제시된 사례에 대한 조언으로 가장 적절한 것은?

> • 요즘은 저의 배우자가 일을 하고 저는 집안일을 맡고 있는데 배우자가 생활비를 주지 않아 생계를 이어나가기 어렵습니다.
> • 우리 집에는 아픈 할아버지도 있고 어린 아이도 있는데 저의 부모님은 일이 바쁘다는 이유로 할아버지와 어린 동생을 내버려두는 일이 많습니다.

① 가족 간의 일이므로 가족끼리 해결하세요.
② 범죄로 보기는 어렵기 때문에 대화로 해결하세요.
③ 경찰에 요청하여 국가의 도움을 받아 해결하세요.
④ 개인적인 문제이므로 친한 사람에게 연락해 도움을 받으세요.

05 다음 빈칸 (가)에 들어갈 용어에 대한 설명으로 옳은 것은?

> 부부 중 한쪽은 이혼을 원하는데 다른 한쪽이 동의하지 않는다면 ___(가)___ 을 할 수 있다.

① 협의 이혼이다.
② 두 사람의 합의에 의해 진행된다.
③ 가정법원의 판결에 따라 이혼하는 방식이다.
④ 상대방이 부정한 행위를 했을 때는 적용되지 않는다.

06 이혼 과정에 적용되는 법적 절차에 대한 설명으로 옳은 것은?

① 이혼을 요구한 사람은 상대방에게 위자료를 지급해야 한다.
② 자녀를 양육하지 않는 쪽은 자녀와 만나는 것이 허용되지 않는다.
③ 자녀를 양육하는 쪽은 상대방에게 자녀 양육 비용을 요구할 수 있다.
④ 누가 자녀를 양육할지는 어느 쪽이 경제력이 많은가에 따라 결정된다.

01 다음 글을 읽고, 아래의 질문에 대답하여 봅시다.

> 많은 나라에서는 신랑 신부가 혼인을 할 때 결혼식과 같은 의식을 거친다. 한국에서 결혼식은 주로 예식장을 이용하는데, 종교에 따라서는 절이나 교회에서 결혼식을 올리기도 한다. 이때 결혼식만 올렸다고 정식으로 부부가 되는 것은 아님을 알고 있어야 한다. 한국에서는 시청, 구청, 군청 등에 혼인신고를 해야 정식으로 부부로 인정받을 수 있다. 혼인신고를 하지 않은 경우에는 어떤 문제가 생겼을 때 법의 보호를 받지 못할 수 있다. 한편, 부부가 더 이상 결혼 생활을 유지하기 어렵다고 판단되면 서로 합의하거나 재판을 통해 이혼을 할 수 있다. 부부 중 어느 한쪽만 이혼을 원할 경우 법원의 판결에 따라 이혼을 결정한다.

1) 한국에서 정식으로 부부로 인정받기 위해 거쳐야 할 절차는 무엇이며 그것은 어디에서 하나요?
2) 이혼은 경우에 따라 재판을 거치기도 하는데 재판을 하는 이유는 무엇일까요?
3) 자신의 고향 나라와 비교할 때 한국의 결혼 방식이나 이혼 방식은 어떤 차이와 공통점이 있나요?

작문형

02 다음 내용을 포함하여 '부부 간에 지켜야 할 것'이라는 제목으로 글을 쓰시오.

> • 부부 간에 지켜야 할 의무에는 무엇이 있나요?
> • 부부 간에 하지 말아야 할 말이나 행동에는 어떤 것이 있나요?
> • 행복한 부부의 특징은 무엇인가요?

작문 시험 답안지에 제목은 생략하고 본문만 쓰세요.

01 다음 빈칸의 (가)에 대한 설명으로 옳은 것은?

> 사람과 사람 사이에서 무엇을 주고받을지에 대해 하는 약속을 [(가)](이)라고 한다. [(가)]은/는 개인들의 자유로운 의사에 따라 맺어야 한다.

① 계약
② 권리
③ 서명
④ 책임

02 〈보기〉에서 계약에 대한 옳은 설명을 모두 고른 것은?

> | 〈보기〉 |
> ㄱ. 어느 한쪽이 원하면 계약을 맺을 수 있다.
> ㄴ. 사회 질서에 어긋나는 계약은 무효가 될 수 있다.
> ㄷ. 당사자 간의 말을 통해서는 계약이 성립하지 않는다.
> ㄹ. 계약 내용을 증명하기 위해 계약서를 작성하는 것이 좋다.

① ㄱ, ㄷ
② ㄱ, ㄹ
③ ㄴ, ㄷ
④ ㄴ, ㄹ

03 다음 (가), (나)에 들어갈 용어를 바르게 연결한 것은?

> 돈을 거래할 때는 계약서를 작성하는 것이 좋다. 돈을 빌려주었을 때는 돈을 빌려준 증거로 [(가)]을 작성하는 것이 좋다. 또한 빌린 돈을 갚을 때는 돈을 갚은 내용을 증명해주는 [(나)]을 받아야 한다.

	(가)	(나)
①	영수증	차용증
②	영수증	등기부 등본
③	차용증	영수증
④	차용증	등기부 등본

04 부동산에 대한 설명으로 옳은 것은?

① 빌려 쓰는 것을 임대라고 한다.
② 직접 가지고 다닐 수 있는 재산을 말한다.
③ 거래할 때 등기부 등본을 확인하는 것이 중요하다.
④ 거래할 때 일반적으로 50% 정도의 계약금을 주고받는다.

05 대화에서 (가)에 들어갈 용어에 대한 설명으로 옳은 것은?

> 갑: 어제 집을 계약하고 왔어요. 이제 제 집을 갖게 된다고 생각하니 기쁘네요.
> 을: 그럼 당연히 [(가)]을 확인했겠네요. 아무 문제가 없던가요?
> 갑: [(가)]을 보니 그 집과 관련한 빚도 없고 다른 문제도 없어서 안심하고 계약했어요.

① 인터넷으로도 확인할 수 있다.
② 부동산 중개업자가 작성하는 서류이다.
③ 계약서에 거래한 사람의 이름을 써넣는 것이다.
④ 집을 계약한 날짜에 대해 법원이 사실이라고 증명해 준 날짜이다.

06 제시된 내용에 대한 설명으로 옳은 것은?

> • 세입자는 집주인이 바뀌는 것과 무관하게 최소 2년 동안 거주할 수 있다.
> • 세입자는 거주하던 집이 팔리더라도 보증금을 다른 사람보다 우선으로 돌려받을 수 있다.

① 부동산 임차인을 보호하기 위한 제도이다.
② 돈을 빌려주고 받을 때 적용되는 사항이다.
③ 부동산을 사고파는 사람에게 해당되는 내용이다.
④ 확정일자를 받지 않아도 보호받을 수 있는 내용이다.

01 다음 글을 읽고, 아래의 질문에 대답하여 봅시다.

> 돈을 주고받거나 특정한 물건을 구입한 다음에 이 사실을 증명해야 할 상황이 생길 수 있다. 이런 때를 대비하여 영수증을 받아두면 좋다. 영수증은 돈이나 물품 등을 받은 사실을 증명하는 문서를 말한다. 영수증을 받아두면 혹시라도 나중에 분쟁이 발생했을 때 증거자료로 활용할 수 있다. 영수증을 작성할 때에는 돈이나 물품 등을 주거나 받은 내용을 정확하게 기록하고, 돈을 주고 받은 사람의 이름과 서명, 날짜 등을 표기해 두는 것이 좋다.

1) 영수증에 들어가야 할 내용을 두 가지 이상 말해 보세요.
2) 영수증을 받아두면 어떤 점이 좋은지 말해 보세요.
3) ○○씨는 평소에 영수증을 어떻게 관리하는지 말해 보세요.

02 다음 내용을 포함하여 '부동산 거래'라는 제목으로 글을 쓰시오.

> • 부동산에는 어떤 것이 있나요?
> • 부동산 거래에서 주의해야 할 점은 무엇인가요?
> • 한국에서 갖고 싶은 부동산은 무엇인가요? 그 이유는 무엇인가요?

작문 시험 답안지에 제목은 생략하고 본문만 쓰세요.

01 〈보기〉에서 설명하는 범죄로 옳은 것은?

> ─| 〈보기〉 |─
> 술을 마신 후 정상 상태로 회복하기 이전에 도로에서 운전하는 행위

① 무단횡단
② 음주운전
③ 안전띠 미착용
④ 쓰레기 무단투기

02 몰래카메라에 대한 설명으로 옳은 것은?

① 지하철에서는 상대방의 동의 없이 촬영할 수 있다.
② 공공장소에서는 몰래 촬영을 해도 처벌받지 않는다.
③ 상대방의 동의를 받지 않고 상대방의 신체 부위를 촬영하면 안 된다.
④ 소형 카메라를 이용해 상대방 모르게 상대방의 사생활을 관찰해도 괜찮다.

03 무단횡단에 대한 설명으로 옳은 것은?

① 횡단보도가 없는 곳에서는 자유롭게 길을 건너도 된다.
② 차가 다니지 않으면 신호와 관계없이 횡단보도를 건너도 된다.
③ 신호를 무시하거나 횡단보도가 아닌 곳에서 길을 건너면 안 된다.
④ 철도 건널목에서는 신호와 관계없이 기차가 지나가기 직전까지 건널 수 있다.

04 다음의 (가), (나)에 들어갈 말로 적절한 것은?

> 학교폭력이란 　(가)　 안팎에서 　(나)　 을 대상으로 한 신체적, 정신적, 재산상 피해를 주는 행위이다. 학교폭력이 일어난 경우, 부모와 상담교사에게 도움을 구해야 한다.

	(가)	(나)
①	학교	학생
②	가정	학생
③	학교	성인
④	가정	성인

05 〈보기〉에서 설명하는 범죄로 옳은 것은?

> ─| 〈보기〉 |─
> 종량제 봉투를 사용하지 않고 쓰레기를 일반 봉투에 넣어 버리는 행위

① 무단횡단
② 범칙금 미납
③ 쓰레기 매립
④ 쓰레기 무단투기

06 안전띠 착용에 대한 설명으로 옳지 않은 것은?

① 영·유아의 경우에는 카시트에 앉혀야 한다.
② 택시나 고속버스에서도 안전띠를 착용해야 한다.
③ 승용차 뒷좌석에 앉는 사람도 안전띠를 착용해야 한다.
④ 중학생 이상부터는 안전띠를 매지 않을 경우 과태료를 내야 한다.

01 다음 글을 읽고, 아래의 질문에 대답하여 봅시다.

일반적으로 범죄라고 하면 살인, 강도, 폭행 등 중대한 범죄를 떠올린다. 그러나 사소한 것처럼 보이는 행위라도 남에게 피해를 주거나 공공질서에 맞지 않는 경우에는 제재를 받을 수 있다. 이는 경범죄에 해당한다. 경범죄란 일상생활에서 일어날 수 있는 가벼운 위법 행위를 말한다. 예를 들어 길에 침을 뱉거나 담배꽁초를 버리고, 자기 순서를 기다리지 않고 새치기를 하거나 애완동물과 산책 중에 애완동물의 대변을 치우지 않는 행위들이 이에 해당한다. 경범죄에 해당하는 행위들은 우리가 일상생활에서 위법한 행위라고 생각하지 못했던 부분들에 대한 것도 규정되어 있으므로 평소에 경범죄 처벌법에 어떤 행위가 속하는지 알아두는 것도 좋다. 친구들과 몰려다니면서 몹시 거친 말이나 행동으로 주위를 시끄럽게 해서 불안감을 조성하거나 술에 취해 이유 없이 다른 사람에게 주정하는 것은 경범죄에 해당한다. 경범죄도 일종의 '범죄행위'이다. 그러므로 경범죄를 저지르지 않도록 주의해야 한다.

1) 경범죄에 해당되는 사례에는 어떤 것이 있나요?
2) 중대한 범죄가 아닌 가벼운 위법 행위에 대해서도 제재를 하는 이유는 무엇일까요?
3) 자신의 고향 나라에서는 어떤 행위를 가벼운 위법 행위로 규정하고 처벌하나요?

02 다음 내용을 포함하여 '쓰레기 분리 배출'이라는 제목으로 글을 쓰시오.

- 한국에서는 쓰레기를 어떻게 분류해서 버립니까?
- 쓰레기를 분리해서 배출하면 어떤 점이 좋을까요?
- 쓰레기를 분리해서 배출할 때 불편한 점은 무엇인가요?

작문 시험 답안지에 제목은 생략하고 본문만 쓰세요.

36 범죄와 법

01 제시된 내용을 담고 있는 법으로 옳은 것은?

> • 다른 사람을 살인한 자는 사형에 처할 수 있다.
> • 다른 사람을 폭행한 자는 벌금형에 처할 수 있다.
> • 다른 사람의 재물을 함부로 가져간 자는 징역형에 처할 수 있다.

① 민법
② 형법
③ 헌법
④ 노동법

02 다음 빈칸의 (가), (나)에 들어갈 용어를 바르게 짝지은 것은?

> 형법은 사람들에게 큰 피해를 주고 사회에 위협이 되는 행위를 ＿(가)＿(으)로 규정하고 이를 저지른 사람들에 대한 ＿(나)＿을/를 담고 있다.

	(가)	(나)
①	범죄	형벌
②	범죄	의무
③	비행	형벌
④	비행	의무

03 제시된 자료에서 설명하는 용어에 대한 설명으로 옳은 것은?

> 어떤 행위가 범죄가 되고, 그 범죄에 대해 어떤 처벌을 할 것인가를 미리 법률로 정해두어야 한다는 원칙

① 외국인에게 특별히 적용되는 원칙이다.
② 주로 개인 간의 사소한 문제에 해당된다.
③ 법에 나와 있지 않더라도 나쁜 행위라고 생각되는 일을 하면 벌을 받게 한다.
④ 처벌받을 수 있는 행위를 법에 미리 정해 놓음으로써 사회 질서를 유지하는 역할을 한다.

04 자료에 제시된 역할을 하는 법집행기관으로 옳은 것은?

> • 범죄 행위를 예방하고 사회 질서를 유지하는 역할을 한다.
> • 범죄를 수사하고 증거를 모아서 법원에 재판을 청구한다.

① 검찰
② 경찰
③ 법원
④ 법무부

05 경찰의 역할에 해당하지 <u>않는</u> 것은?

① 교통 단속 등을 실시한다.
② 범죄를 예방하고 사건을 수사한다.
③ 최종적으로 범죄자를 재판에 넘긴다.
④ 국민의 생명이나 신체, 재산을 보호한다.

06 다음 상황에서 해야 할 행동으로 가장 적절한 것은?

> • 다른 사람에 의해 범죄 피해자가 되었을 때
> • 범죄자가 범죄를 저지르는 장면을 보았을 때

① 스스로 해결한다.
② 법원에 도움을 요청한다.
③ 112, 119 등에 신고한다.
④ 직접 수사하고 증거를 수집한다.

01 다음 글을 읽고, 아래의 질문에 대답하여 봅시다.

> 법은 지키지 않으면 처벌을 받는다는 점에서 다른 사회 규범과 큰 차이가 있다. 이때 범죄를 저지른 사람에게 주는 처벌을 형벌이라고 한다. 한국의 형법은 어떤 행동이 범죄가 되고, 그 범죄에 대해 어떤 형벌을 줄 것인지를 정해 놓고 있다. 이를 죄형 법정주의라고 한다. 즉, 범죄가 되는 행동과 그에 대한 처벌은 법으로 미리 정해두어야 한다는 것이다. 이런 원칙이 없다면 국가나 권력자가 마음대로 범죄를 규정하고 벌을 줄 수도 있다. 그러므로 국민의 자유와 권리를 보호하기 위해서는 죄형 법정주의 원칙이 매우 중요하다.

1) 죄형 법정주의는 어떤 뜻인가요?
2) 죄형 법정주의가 지켜지지 않으면 어떤 문제가 생길 수 있나요?
3) 자신의 고향 나라에서는 범죄인데, 한국에서는 그렇지 않은 행동이 있나요? 또는 그 반대의 경우에 해당하는 행동이 있나요?

02 다음 내용을 포함하여 '우리 사회를 지켜주는 경찰'이라는 제목으로 글을 쓰시오.

> • 경찰은 어떤 역할을 하나요?
> • 경찰에게 도움을 받기 위해서는 어떻게 해야 하나요?
> • 경찰이 없다면 사회에 어떤 문제가 생길 수 있을까요?

작문 시험 답안지에 제목은 생략하고 본문만 쓰세요.

01 다음 (가), (나)에 들어갈 용어를 바르게 짝지은 것은?

> 법을 통해 분쟁을 해결하고 권리를 보호하는 대표적인 방법은 ⸁(가)⸀ 이다. ⸁(가)⸀ 은 법원에 판결 (재판)을 요구하는 것을 말한다. 법원의 ⸁(나)⸀ 는 당사자들의 주장을 듣고 법에 따라 판결을 내려 분쟁을 해결한다.

	(가)	(나)
①	상담	검사
②	상담	판사
③	소송	검사
④	소송	판사

02 다음 (가)에 들어갈 기관으로 옳은 것은?

> 경제적으로 어려움이 있는 개인은 소송 과정에서 ⸁(가)⸀ 을/를 통해 비용 부담을 줄이면서도 법률이나 재판 상담을 받을 수 있다.

① 법교육센터
② 행정복지센터
③ 국가인권위원회
④ 대한법률구조공단

03 다음 (가)에 대한 설명으로 옳은 것은?

> ⸁(가)⸀ 은 경제적으로 어렵거나 법을 잘 모르는 사람들을 위해 법률 서비스를 제공한다. ⸁(가)⸀ 에서는 무료로 법률 상담, 재판 상담, 소송 대리 등의 지원을 받을 수 있다.

① 재판을 담당하는 기관이다.
② 한국에 거주하는 외국인도 이용할 수 있다.
③ 소득이 많더라도 무료로 소송을 지원받을 수 있다.
④ 이민자나 외국인의 한국 사회 적응을 돕는 전문적인 역할을 한다.

04 다음과 같은 제도를 활용하는 이유로 가장 적절한 것은?

> 협상: 당사자들끼리 자발적으로 합의하고 대화로 해결
> 조정: 제3자가 참여하여 조언이나 자문을 제공
> 중재: 제3자가 모든 권한을 부여받아 강제로 해결

① 공정한 판결을 내리기 위해
② 시간과 비용을 줄이기 위해
③ 개인의 인권을 보장하기 위해
④ 재판을 통해 분쟁을 해결하기 위해

05 국가인권위원회의 역할로 옳은 것은?

① 교통 단속 등 공공질서를 수호한다.
② 범죄 용의자를 수사하여 재판에 넘긴다.
③ 법과 양심에 따라 최종적으로 판결을 내린다.
④ 인권 침해에 대한 상담, 조사, 구제 역할을 한다.

06 다음 기관들의 공통된 기능으로 가장 적절한 것은?

> • 법원
> • 국가인권위원회
> • 국민권익위원회

① 재판을 담당한다.
② 국민의 권리를 보호한다.
③ 외국인의 사회 적응을 돕는다.
④ 범죄 사건에 대한 수사를 진행한다.

구술형

01 다음 글을 읽고, 아래의 질문에 대답하여 봅시다.

> 분쟁이 생겼을 때 해결하는 대표적인 방법은 재판이다. 하지만 재판은 시간과 비용이 많이 들며, 분쟁 이후에도 갈등이나 마음의 상처가 남을 수 있다. 그러므로 재판까지 가지 않으면서도 분쟁을 해결할 수 있는 대안적 분쟁 해결 방안도 알아둘 필요가 있다. 대안적 분쟁 해결 방안에는 당사자 간의 대화와 합의를 통해 해결하는 협상, 제3자가 참여하여 조언이나 자문을 제공하는 조정, 제3자가 모든 권한을 부여받아 강제로 해결하는 중재가 있다.

1) 재판을 할 때 겪을 수 있는 어려움에는 어떤 것이 있나요?
2) 대안적 분쟁 해결 방안에 속하는 세 가지 방법 중 조정과 중재는 어떻게 다른가요?
3) 다른 사람과 돈이나 집 문제로 분쟁이 생겼을 경우, 어떤 방법으로 해결하는 것이 가장 좋다고 생각하나요? 그 이유는 무엇인가요?

작문형

02 다음 내용을 포함하여 '법적 분쟁 해결을 위한 노력'이라는 제목으로 글을 쓰시오.

> • 재판의 역할은 무엇인가요?
> • 공정한 재판은 왜 중요한가요?
> • 법률 전문가의 도움을 받을 비용이 없는 경우 어디에서 도움을 받을 수 있나요?

작문 시험 답안지에 제목은 생략하고 본문만 쓰세요.

제 7 편

역사

01 밑줄 친 '이 인물'에 해당하는 인물로 옳은 것은?

> 한국의 역사학자이자 독립운동가였던 '이 인물'은 "나라의 교육과 역사가 없어지지 아니하면 그 나라는 망하지 않는다."라는 말을 남겼다.

① 김구
② 세종
③ 박은식
④ 안중근

02 다음 유물과 유적이 만들어진 국가로 옳은 것은?

① 발해
② 고려
③ 고조선
④ 대한 제국

03 다음 빈칸의 (가)에 들어갈 내용으로 옳은 것은?

> 하늘에서 내려 온 환웅이 인간 세상을 다스리고 있었는데, 어느날 곰과 호랑이가 찾아와 인간이 되게 해 달라고 빌었다. 호랑이와 달리 환웅의 말을 잘 실천한 곰은 여자가 되었고, 환웅과 결혼하였다. 둘 사이에서 태어난 ⬚(가)⬚ 이/가 고조선을 세웠다.

① 주몽
② 온조
③ 단군왕검
④ 박혁거세

04 (가) 국가에 대한 설명으로 옳지 않은 것은?

① 이성계에 의해 건국되었다.
② 8조법을 통해 사회 질서를 유지하였다.
③ 기원전 2333년에 건국되었다고 전한다.
④ 한국 역사에서 최초로 세워진 국가이다.

05 다음 빈칸의 (가)에 들어갈 내용으로 옳은 것은?

> 고조선이 세워진 것을 기념하기 위해 제정된 국경일인 ⬚(가)⬚ 에 매년 이곳에서 단군에게 제사를 지낸다. 이런 상징성 때문에 매년 한국에서 열리는 전국체전(전국 체육대회)에 사용되는 불(성화)도 강화 마니산에 있는 참성단에서 만들고 있다.

① 3월 1일
② 8월 15일
③ 10월 1일
④ 10월 3일

06 고조선에 대한 설명으로 옳은 것은?

① 강화도를 수도로 삼았다.
② 박혁거세에 의해 건국되었다.
③ 구석기 문화를 바탕으로 발전하였다.
④ 나라를 다스리기 위해 8조법을 만들었다.

01 다음 자료를 읽고, 아래의 질문에 대답하여 봅시다.

> 하늘을 다스리는 환인에게는 환웅이라는 아들이 있었다. 환웅은 늘 땅을 굽어보며 인간 세상을 다스리고 싶어 했다. 마침내 환웅은 비, 구름, 바람을 각각 관장하는 신들을 이끌고 태백산에 내려왔다. 이후 환웅은 '널리 인간을 이롭게 한다.'라는 홍익인간의 뜻을 펼치며 인간 세상을 다스렸다. 그러던 어느날 인간 세계를 다스리던 환웅에게 곰과 호랑이가 찾아와서 말했다. "저희는 사람이 되고 싶습니다. 사람이 되게 해 주세요." 그러자 환웅이 곰과 호랑이에게 쑥과 마늘을 주며 대답하였다. "100일 동안 동굴에서 이것을 먹고 지내거라. 그러면 사람이 될 수 있을 것이다."
>
> 곰과 호랑이는 환웅의 말대로 동굴에 들어가서 쑥과 마늘을 먹으며 지냈다. 하지만 참다 못한 호랑이는 도중에 동굴을 나와 도망치고 말았다. 끝까지 잘 견뎌 낸 곰은 아름다운 여인(웅녀)이 되었고, 환웅과 결혼을 하였다. 둘 사이에 건강한 아이가 태어났는데, 그 아이가 바로 단군왕검이다. 무럭무럭 자란 단군왕검은 청동기 문화를 바탕으로 나라를 세웠다. 그 나라가 바로 한국 역사상 첫 번째 나라인 고조선이다.

1) 고조선이 농업 중심의 사회였다는 것을 짐작하게 해 주는 구절을 말해 볼까요?
2) 위 글에 나오는 곰과 호랑이는 무엇을 의미할까요?
3) 자신의 고향 나라에 전해오는 나라를 세운 이야기가 있으면 말해 보세요.

02 다음 내용을 포함하여 '8조법을 통해 본 고조선의 사회 모습'이라는 제목으로 글을 쓰시오.

> • 고조선에서는 사람을 죽인 자에게 어떤 벌을 주었을까?
> • 고조선에서 남에게 상처를 입힌 사람은 어떤 벌을 받았을까?
> • 고조선 사회에서 도둑질한 사람이 죄를 용서받으려면 어떻게 해야 했을까?

작문 시험 답안지에 제목은 생략하고 본문만 쓰세요.

01 다음 중 한강 유역을 차지한 국가를 시대순으로 바르게 나열한 것은?

① 고구려 – 백제 – 신라
② 신라 – 백제 – 고구려
③ 백제 – 고구려 – 신라
④ 신라 – 고구려 – 백제

02 다음 빈칸의 (가)에 해당하는 국가로 옳은 것은?

> (가) 은/는 4세기에 남해안까지 영토를 넓히고, 중국의 요서 지방과 일본의 규슈 지방까지 진출하여 교류를 확대하였다.

① 신라
② 백제
③ 가야
④ 고구려

03 (가), (나) 사이 시기에 있었던 사실로 옳은 것은?

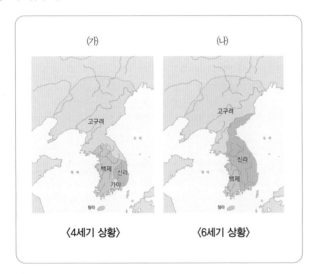

〈4세기 상황〉 〈6세기 상황〉

① 발해가 건국되었다.
② 신라가 불국사를 만들었다.
③ 백제가 나·당 연합군의 공격을 받았다.
④ 고구려가 한반도 중부 지역을 차지하였다.

04 다음 (가)에 들어갈 내용으로 가장 적절한 것은?

> 신라의 삼국 통일 과정
> 신라와 당의 연합 → 백제 멸망 → 고구려 멸망 → 신라와 당의 전쟁 → (가) → 신라의 삼국 통일

① 살수 대첩
② 매소성 전투
③ 충주 고구려비 건립
④ 신라의 한강 유역 차지

05 발해에 대한 설명으로 옳은 것은?

① 가야를 정복하였다.
② 석굴암을 만들었다.
③ 평양으로 수도를 옮겼다.
④ 대조영에 의해 건국되었다.

06 (가)에 해당하는 국가로 옳은 것은?

> 추석은 한국어로 한가위라고 하는데, '한'이라는 말은 '크다'라는 뜻이고 '가위'라는 말은 '가운데'라는 뜻을 가지고 있다. 즉, 한가위는 8월의 한가운데 있는 큰 날이라는 뜻이다. '가위'라는 말은 (가) 때 길쌈놀이인 '가배'에서 유래되었다고 한다.

① 발해
② 백제
③ 신라
④ 가야

01 다음 자료를 읽고, 아래의 질문에 대답하여 봅시다.

⑦ 백제를 세운 온조왕의 아버지는 졸본 지역에서 고구려를 세운 주몽이다. 주몽은 졸본 지역에 와서 소서노와 결혼한 후 두 아들을 낳았는데, 첫째가 비류이고, 둘째가 온조이다. 그런데 주몽이 졸본에 오기 전 부여에 있을 때 낳은 아들 유리가 고구려로 와서 왕위를 이을 태자가 되었다. 이에 비류와 온조가 여러 명의 신하들을 이끌고 남쪽 지역으로 내려왔다. 비류는 일부 신하와 백성들을 이끌고 미추홀(지금의 인천)에 자리 잡았다. 반면 온조는 나머지 신하와 백성들을 이끌고 한강의 남쪽 지역에 성을 쌓고 10여 명의 신하들의 도움을 받아 나라를 세운 뒤 나라 이름을 십제라 하였다. 이후 비류가 죽은 뒤 그의 신하와 백성들이 모두 온조에게 합류하였다. 이후 십제는 나라 이름을 백제라고 고쳤다.

⑪

▲ 고구려 초기에 만들어진 무덤

▲ 백제 초기에 만들어진 무덤

고구려 두 번째 도읍지인 국내성 근처에는 돌을 쌓아 만든 무덤(돌무지무덤)이 많이 있다. 백제 초기 도읍지인 한강 근처에서도 고구려 초기 무덤과 비슷한 모양의 무덤(돌무지무덤)이 있다.

1) 온조와 비류는 왜 졸본 지역을 떠나 왜 남쪽으로 내려왔을까요?
2) ⑦, ⑪를 통해 백제를 세운 사람들이 어느 나라에서 왔다는 사실을 알 수 있을까요?
3) 자신의 고향 나라에 있는 전통적인 무덤으로 문화유산으로 평가받고 있는 것이 있으면 소개해 보세요.

02 다음 내용을 포함하여 '발해가 한국사에 포함되는 이유'라는 제목으로 글을 쓰시오.

- 고구려 장군 출신이었던 대조영은 어떤 활동을 했을까요?
- 고구려가 멸망한 이후 옛 고구려 땅에는 어떤 나라가 세워졌을까요?
- 조선 시대 학자 유득공은 통일 신라와 발해가 함께 있던 시기를 무엇이라고 불렀을까요?

작문 시험 답안지에 제목은 생략하고 본문만 쓰세요.

01 왕건에 대한 설명으로 옳은 것을 〈보기〉에서 고른 것은?

| 〈보기〉 |
ㄱ. 고려를 건국하였다.
ㄴ. 후백제를 건국하였다.
ㄷ. 후삼국을 통일하였다.
ㄹ. 평양으로 수도를 옮겼다.

① ㄱ, ㄴ
② ㄱ, ㄷ
③ ㄴ, ㄹ
④ ㄷ, ㄹ

02 밑줄 친 '반란'에 해당하는 사건으로 옳은 것은?

고려 전기에는 문신 중심의 귀족 사회였으나 무신들이 일으킨 반란으로 한동안 지배층이 무신으로 바뀌었다. 무신들은 불법적인 방법으로 땅과 노비를 더 많이 차지하였고 백성에게서 많은 세금을 거두었다. 그래서 이에 저항하는 농민들의 반란이 일어나기도 했다.

① 병자호란
② 임진왜란
③ 무신 정변
④ 의병 운동

03 다음 빈칸의 (가)에 들어갈 내용으로 옳은 것은?

고려에 온 몽골의 사신이 돌아가는 길에 죽자, 몽골은 이를 이유로 고려를 침입하였다. 몽골의 1차 침입 이후 고려는 몽골과의 장기적인 싸움을 대비해 수도를 개경에서 [(가)]로 옮겼다.

① 진도
② 강화도
③ 울릉도
④ 제주도

04 다음에서 설명하는 문화유산으로 옳은 것은?

표면에 무늬를 새기고, 거기에 다른 흙을 메운 후 유약을 발라 굽는 상감이라는 공예 기법을 도자기에 적용해 만든 고려만의 독창적인 예술품이다.

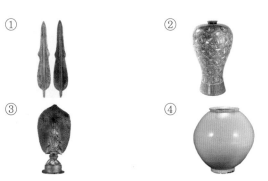

① ② ③ ④

05 다음 빈칸의 (가)에 해당하는 문화유산으로 옳은 것은?

고려는 서양보다 220여 년 앞서 금속 활자로 책을 인쇄하였지만, 그때 만들어진 책은 오늘날까지 전해지지 않는다. 현재 남아 있는 가장 오래된 금속 활자본은 [(가)]이다.

① 삼국사기
② 삼강행실도
③ 직지심체요절
④ 무구정광대라니경

06 고려의 사회 모습으로 적절하지 <u>않은</u> 것은?

① 일부일처가 일반적이었다.
② 아라비아 상인과도 교류하였다.
③ 가족 내에서 여성은 남성에 비해 큰 차별을 받았다.
④ 나라의 발전과 개인의 행복을 비는 팔관회, 연등회 등의 행사를 자주 열었다.

01 다음 글을 읽고, 아래의 질문에 대답하여 봅시다.

위 사진이 나타내는 문화유산은 팔만대장경판이다. 이것은 부처님의 말씀을 기록한 불교 경전을 모은 대장경의 내용을 8만여 개의 목판에 새긴 것이다. 고려 사람들은 몽골과 전쟁을 하는 동안 16년에 걸쳐 팔만대장경의 목판을 만들었다. 팔만대장경은 많은 사람이 함께 새긴 목판이지만 글자 모양이 일정하고, 틀린 글자가 거의 없다. 또한 목판이 뒤틀리거나 썩지 않고 오늘날까지 잘 보존되어 있어 고려의 우수한 과학 기술을 잘 보여 준다.

1) 고려는 왜 팔만대장경을 만들었을까요?
2) 팔만대장경판이라는 이름은 어떻게 해서 붙여진 것일까요?
3) 자신의 고향 나라에서 외적의 침입에 맞서 만든 문화유산이 있으면 말해 보세요.

02 다음 내용을 포함하여 '고려 시대에 유행한 몽골 풍속'이라는 제목으로 글을 쓰시오.

- 왜 몽골 풍속이 고려에서 유행하게 되었을까요?
- 고려 시대에 몽골과 교류하면서 유행한 옷에는 어떤 것들이 있을까요?
- 자신이 먹어본 한국의 음식 중에서 몽골에서 전래된 음식이 있나요?

작문 시험 답안지에 제목은 생략하고 본문만 쓰세요.

01 다음 (가), (나)에 들어갈 내용으로 옳은 것은?

> 신진 사대부의 도움을 받아 고려를 멸망시켜 새로운 왕조를 열고 왕이 된 ☐(가) 은/는 나라 이름을 조선이라고 하였다. 그리고 오늘날의 서울인 ☐(나) 으로 도읍을 옮겼다.

	(가)	(나)
①	이방원	개경
②	이성계	한양
③	정도전	개경
④	정몽주	한양

02 다음 제도를 처음 실시한 국왕으로 옳은 것은?

>  사진은 조선 시대 16세 이상의 남자가 차고 다니던 신분증으로 호패라고 불렸다. 호패에는 이름, 출생 연도, 과거 합격 연도와 과거 종류 등이 적혀 있었다.

① 태조   ② 태종
③ 세종   ④ 성종

03 다음 (가) 국왕에 대한 설명으로 옳지 <u>않은</u> 것은?

> 오늘날 한국 사람들이 사용하는 문자인 한글은 1446 년 ☐(가) 때 만든 것으로 본래 훈민정음으로 불렸다. 훈민정음은 '백성을 가르치는 바른 소리'라는 뜻을 지니고 있다. 훈민정음은 혀의 위치, 입술과 목구멍의 모양을 본떠서 만들어졌다.

① 역사, 지리, 예절과 관련된 책을 편찬하였다.
② 학자들을 등용하여 집현전에서 연구하게 하였다.
③ 농사에 도움을 주기 위해 측우기를 만들게 하였다.
④ 나라를 다스리는 기본 법전인 경국대전을 완성하였다.

04 다음 (가)에 들어갈 내용으로 옳은 것은?

> 1592년 일본은 조선을 침략하는 ☐(가) 을 일으켰다. 이에 맞서 이순신 등 수군의 활약이 이어졌고, 일반 백성들이 참여한 의병도 왜군에 맞서 싸웠다. 이런 노력 덕분에 조선은 일본의 침략을 물리치고 나라를 지킬 수 있었다.

① 병자호란   ② 임진왜란
③ 나·당 전쟁   ④ 6·25 전쟁

05 정조의 업적으로 옳은 것은?

① 몽골풍을 금지하였다.
② 수원 화성을 건설하였다.
③ 과거제를 처음 실시하였다.
④ 강화도 조약을 체결하였다.

06 다음 직업에 해당하는 조선 시대 신분으로 옳은 것은?

> • 기술관   • 향리
> • 서리   • 서얼

① 양반   ② 중인
③ 상민   ④ 천민

01 다음 글을 읽고, 아래의 질문에 대답하여 봅시다.

> - 땅과 집을 사면 100일 안에 국가 기관에 보고해야 한다.
> - 부모가 많이 아프거나 부모의 나이가 70세 이상이면 그 아들은 병역의 의무를 지지 않아도 된다.
> - 노비 여성의 출산 휴가는 90일이다. 필요에 따라 남편도 출산 휴가를 신청할 수 있다.
>
> 위 글은 조선 성종 때 완성된 『경국대전』이라는 법전에 있는 내용이다. 『경국대전』에는 왕실(왕의 가족 및 친척)이나 관리 업무 지침, 세금에 관한 것과 흉년에 관리가 농민을 위해 해야 할 일, 백성들이 따라야할 예절, 군사, 형벌, 집이나 도로 등에 관한 내용 등으로 구성되어 있다.

1) 조선 시대의 『경국대전』은 어떤 성격의 책이라고 할 수 있나요?
2) 『경국대전』의 소개된 내용을 통해 조선 시대는 어떤 사회라고 할 수 있나요?
3) 자신의 고향 나라의 법이 갖고 있는 특징에 대해 말해 보세요.

02 다음 내용을 포함하여 '조선 시대 서민 문화와 나의 고향 나라의 서민 문화'라는 제목으로 글을 쓰시오.

> - 조선 시대에 사람들이 많이 읽은 한글 소설에는 어떤 것들이 있을까요?
> - 소리꾼, 고수(북 치는 사람), 청중(관객)이 필요한 전통 공연은 무엇일까요?
> - 자신의 고향 나라에서 유행한 서민 문화(일반 사람들이 즐기는 문화)에서는 어떤 것들이 있나요?

작문 시험 답안지에 제목은 생략하고 본문만 쓰세요.

42 일제 강점과 독립운동

01 흥선 대원군에 대한 설명으로 옳은 것을 〈보기〉에서 옳게 고른 것은?

| 〈보기〉 |

ㄱ. 수원 화성을 건설하였다.
ㄴ. 경복궁을 다시 건립하였다.
ㄷ. 일본과 강화도 조약을 체결하였다.
ㄹ. 프랑스의 무역 요구를 거절하였다.

① ㄱ, ㄴ   ② ㄱ, ㄷ
③ ㄴ, ㄹ   ④ ㄷ, ㄹ

02 다음 문화유산을 건립한 단체에 대한 설명으로 옳은 것은?

① 탕평책을 실시하였다.
② 만민 공동회를 개최하였다.
③ 전국 각지에 척화비를 세웠다.
④ 경국대전이라는 법전을 완성하였다.

03 다음 (가)에 해당하는 내용으로 옳은 것은?

조선의 왕이었던 고종은 땅에 떨어진 나라의 위엄과 믿음을 세우기 위해 1897년에 나라 이름을 조선에서 ___(가)___ (으)로 바꾸었다. 당시 고종은 하늘에 제사를 지내는 환구단(황제가 하늘에 제사를 지내는 제단)을 짓고 이곳에서 황제의 자리에 올랐다.

① 고려   ② 통일 신라
③ 대한민국   ④ 대한 제국

04 일제의 강압 정치의 내용으로 옳지 <u>않은</u> 것은?

① 동학 농민 운동을 전개하였다.
② 토지 조사 사업을 실시하여 신고하지 않은 토지를 몰수하였다.
③ 한국인들이 일으킨 3 · 1 운동을 무력을 사용해서 탄압하였다.
④ 일본의 부족한 쌀을 해결하기 위해 한반도에 산미 증식 계획을 실시하였다.

05 다음 (가)에 들어갈 용어로 옳은 것은?

청년들을 강제로 끌고 가 공장이나 탄광에서 일을 시켰으며, 전쟁터로 병사로 참전시켰다. 뿐만 아니라 일부 한국 여성들을 속이거나 강제로 끌고 가 ___(가)___ 의 끔찍한 생활을 하게 하였다.

① 징용   ② 징병
③ 공출   ④ 일본군 '위안부'

06 밑줄 친 '그'에 해당하는 인물로 옳은 것은?

대한민국 임시 정부의 김구는 한인 애국단을 조직하였다. 한인 애국단원이었던 그는 상하이 홍커우 공원에서 일본 왕의 생일을 기념하는 행사장에 폭탄을 던지는 의거를 실행하였다.

① 김좌진   ② 윤봉길
③ 안중근   ④ 이봉창

01 다음 자료를 보고 아래의 질문에 답해 봅시다.

서양 오랑캐가 침범하는데 싸우지 않는 것은 화친하는 것이고, 화친을 주장함은 나라를 파는 것이다.

1) 위 글이 적힌 비석을 무엇이라고 할까요?

2) 위 비석을 세운 인물은 대외적으로 어떤 정책을 실시했을까요?

3) 자신의 고향 나라에서는 외국에 나라의 문을 여는 시기에 어떤 정책을 펼쳤는지 소개해 보세요.

02 다음 내용을 포함하여 '한국인들의 독립운동과 나의 고향 나라의 독립운동'이라는 제목으로 글을 쓰시오.

- 대한민국 임시 정부는 나라를 되찾기 위해서 어떤 활동을 전개했을까요?
- 윤봉길과 남자현은 한국의 독립을 위해 어떤 활동을 했나요?
- 자신의 고향 나라가 강대국으로부터 독립운동을 전개한 사실이 있나요?

작문 시험 답안지에 제목은 생략하고 본문만 쓰세요.

01 다음 자료를 바탕으로 신문 기사를 작성할 때 제목으로 가장 적절한 것은?

> 적의 장수 우중문이 이끄는 30만 별동대가 평양성을 향해 진격하자, 을지문덕은 유인 전술을 폈다. 더 이상의 진격이 어려워진 적의 군대가 퇴각하며 강을 건널 때, 을지문덕이 이끈 군대가 공격하여 대승을 거두었다.

① 신라, 삼국 통일을 이룩하다
② 고구려, 살수 대첩을 거두다
③ 고려, 북방 민족의 침입을 물리치다
④ 당의 침입, 고구려의 저항으로 실패하다

02 다음 외교 담판과 관련된 인물로 옳은 것은?

> "우리 고려는 고구려의 후손이라는 뜻에서 나라 이름을 고려라 하였소. 거란이 옛 고구려 땅에 살고 있으니 도리어 땅을 내놓아야 할 것이오."
> "그런데 고려는 왜 가까이 있는 우리 거란은 외면하고 바다 건너에 있는 송나라하고만 사귀는 것이오?"
> "그것은 여진족이 가로막고 있기 때문이오. 거란이 압록강 동쪽의 땅을 우리 고려에 준다면 어찌 그대들과 교류하지 않겠소?"

① 서희
② 견훤
③ 김유신
④ 강감찬

03 (가) 인물에 대한 설명으로 옳은 것은?

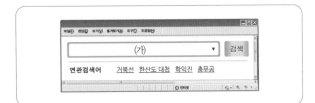

① 우산국을 정복하였다.
② 일본의 수군을 물리쳤다.
③ 귀주에서 거란군에 대승을 거두었다.
④ 처인성 전투에서 몽골군에 승리하였다.

04 다음 설명에 해당하는 인물로 옳은 것은?

> 한글 소설 『홍길동전』을 지은 인물의 누나로, 어려서부터 글재주가 뛰어나서 시를 잘 지었다. 불행한 결혼 생활, 친정아버지와 두 자녀의 죽음 등으로 마음의 병을 얻은 그녀는 27세의 젊은 나이에 세상을 떠났다. 이후 그녀의 시는 중국과 일본에서 높은 평가를 받고 큰 인기를 일었다.

① 김옥균
② 남자현
③ 허난설헌
④ 신사임당

05 (가)에 해당하는 인물로 옳은 것은?

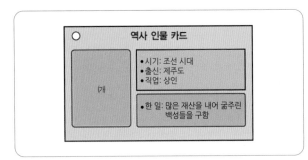

① 김유신
② 김만덕
③ 유관순
④ 안중근

06 다음 (가) 인물에 대한 설명으로 옳은 것은?

> 서대문 형무소에서 감옥살이를 한 (가) 은/는 감옥 안에서도 만세 운동을 펼쳤다. 이후 (가) 은/는 영양실조와 일본 경찰의 폭행으로 19세의 어린 나이로 감옥에서 죽게 되었다.

① 3·1 운동에 참여하였다.
② 동학 농민군을 이끌었다.
③ 강화도 조약의 체결을 반대하였다.
④ 5·10 총선거에서 국회 의원에 당선되었다.

01 다음 지도를 보고, 아래의 질문에 대답하여 봅시다.

이 지도는 임진왜란 당시 조선의 수군이 일본의 수군을 물리친 주요 전투를 나타낸 것이다. 당시 조선 수군은 뛰어난 전술과 거북선, 화포 등의 무기를 적절히 활용하여 일본군을 물리쳤다.

1) 위 지도에 표시된 전투에서 조선 수군을 이끈 인물은 누구일까요?
2) 위 지도에 표시된 전투의 승리는 전쟁의 분위기를 어떻게 바꾸었을까요?
3) 자신의 고향 나라에서 외적의 침입을 물리친 인물이 있으면 소개해 보세요.

02 다음 내용을 포함하여 '한국의 화폐 속 인물과 나의 고향 나라 화폐 속 인물'이라는 제목으로 글을 쓰시오.

1. 한국의 5만원권에 있는 여성은 어떤 누구일까요? 그녀는 어떤 활동을 했을까요?
2. 한국의 1만원권에 있는 왕은 누구일까요? 그는 왜 한국 사람들의 존경을 받을까요?
3. 자신의 고향 나라에서 사용하는 화폐에도 인물이 있나요? 있다면 그 인물은 어떤 활동을 했나요?

작문 시험 답안지에 제목은 생략하고 본문만 쓰세요.

01 다음 설명에 해당하는 문화유산으로 옳은 것은?

> 경상북도 경주시에 있는 신라의 대표적인 절이다. 석가탑과 다보탑이 있는 이절은 1995년에 석굴암과 더불어 유네스코 세계유산으로 등재되었다.

① 부석사　　　　② 불국사
③ 해인사　　　　④ 부석사 무량수전

02 통일 신라의 문화유산으로 옳은 것은?

03 밑줄 친 '책'으로 옳은 것은?

> 조선 시대에 한국과 중국의 충신, 효자 등의 이야기를 모아 놓은 책이다. 유교 윤리를 잘 실천한 모범적인 사례가 글과 그림으로 서술되어 있다.

① 삼국유사
② 훈민정음
③ 경국대전
④ 삼강행실도

04 다음 문화유산을 남긴 국가로 옳은 것은?

▲ 분황사 모전석탑　　　▲ 첨성대

① 백제　　　　② 신라
③ 고려　　　　④ 고구려

05 다음에서 설명하는 문화유산으로 옳은 것은?

> • 유네스코 지정 세계 기록 유산
> • 흥덕사(충청북도 청주)에서 간행
> • 현재 프랑스 국립 도서관에서 보관
> • 현존하는 세계에서 가장 오래된 금속 활자본

① 칠정산
② 직지심체요절
③ 조선왕조실록
④ 무구정광대라니경

06 조선 시대 과학기술에 대한 설명으로 옳은 것은?

① 세계 최초로 금속 활자를 발명하였다.
② 부여에 있는 정림사지 5층 석탑을 만들었다.
③ 시간 측정을 위한 물시계로 자격루를 제작하였다.
④ 몽골의 침입을 물리치기 위해 팔만대장경판을 만들었다.

01 다음 사진을 보고, 아래의 질문에 대답하여 봅시다.

눈금의 기울기와 가로, 세로 눈금의 간격을 보면
태양의 움직임을 알 수 있는 '앙부일구'이다.

원통형의 그릇에 빗물을 받아 강우량을
측정하는 기구로 '측우기'라고 한다.

1) 앙부일구와 측우기는 어느 왕 때 처음 만들어졌을까요?
2) 앙부일구와 측우기를 만든 목적은 무엇일까요?
3) 자신의 고향 나라에서 발명한 우수한 과학기구가 있다면 소개해 보세요.

작문형

02 다음 내용을 바탕으로 '한국의 불교 문화와 유교 문화'라는 제목으로 글을 쓰시오.

- 한국의 불교 문화유산에는 어떤 것들이 있을까요?
- 조선 시대에 발달한 유교 문화에는 어떤 것들이 있을까요?
- 자신이 한국에서 경험한 불교 문화와 유교 문화가 있나요?

작문 시험 답안지에 제목은 생략하고 본문만 쓰세요.

제 8 편

지리

01 〈보기〉에서 설명하는 계절로 알맞은 것은?

| 〈보기〉 |
- 중국으로부터 황사가 불어오는 날이 많다.
- 꽃샘추위가 지나가면 대체로 따뜻한 편이다.

① 봄
② 여름
③ 가을
④ 겨울

02 〈보기〉의 자연 현상과 관계 깊은 계절은?

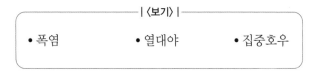

| 〈보기〉 |
- 폭염   - 열대야   - 집중호우

① 봄
② 여름
③ 가을
④ 겨울

03 한국의 지형에 대한 설명으로 옳은 것은?

① 한국은 국토의 50%가 산지이다.
② 한국에서 가장 높은 산은 설악산이다.
③ 동해안은 해안선이 복잡하고 섬이 많다.
④ 남서쪽을 중심으로 평야가 발달되어 있다.

04 한국의 계절에 대한 설명으로 옳은 것은?

① 이른 봄에는 단풍 구경을 간다.
② 여름에는 폭설이 내려 피해가 발생한다.
③ 가을에는 습도가 높고 무더운 날씨가 지속된다.
④ 겨울에는 춥고 건조하며 찬바람이 부는 날이 많다.

05 〈보기〉에서 설명하는 지형으로 맞는 것은?

| 〈보기〉 |
- 한 면이 육지와 이어져 있고 삼면이 바다로 둘러싸여 있는 땅을 말한다.
- 한국의 전체적인 모양이 여기에 해당한다.

① 섬
② 평야
③ 반도
④ 해안

06 서해안의 특징으로 옳지 <u>않은</u> 것은?

① 갯벌이 넓게 발달하였다.
② 해안선이 복잡하고 섬이 많다.
③ 수심이 깊고 모래사장이 발달하였다.
④ 밀물일 때와 썰물일 때의 차이가 크다.

01 다음 기사를 읽고, 아래의 질문에 대답하여 봅시다.

한국의 기후가 변하고 있다. 한국은 봄, 여름, 가을, 겨울의 4계절이 뚜렷하게 구별되는 편인데 최근에는 봄과 가을은 조금 짧아지고 여름이 점점 길어지고 더욱 무더워지는 현상이 나타나고 있다. 한편, 겨울은 여전히 춥기는 하지만, 과거에 비하면 눈이 많이 오지 않는 변화도 나타난다. 이러한 현상은 지구 온난화와 관계가 있다. 그런데 사람들은 여전히 에어컨, 히터, 자동차 등을 많이 사용하고 있어서 지구 온난화 현상이 쉽게 해결될 것 같지는 않다.

1) 지구 온난화로 인해 한국의 기후는 어떻게 변하고 있나요?
2) 왜 지구 온난화 현상이 쉽게 해결될 것 같지 않나요?
3) 자신의 고향 나라의 날씨는 어떤 특징이 있고 최근 어떤 변화가 있나요?

02 다음 내용을 포함하여 '내가 좋아하는 계절'이라는 제목으로 글을 쓰시오.

- 어느 계절을 좋아합니까?
- 왜 그 계절을 좋아합니까?
- 그 계절에 하는 일과 하고 싶은 일은 무엇입니까?

작문 시험 답안지에 제목은 생략하고 본문만 쓰세요.

01 서울에 대한 설명으로 알맞은 것은?

① 한국 제2의 항구 도시다.
② 2023년 기준 약 1,400만 명이 산다.
③ 정치, 경제, 문화, 역사의 중심지이다.
④ 대중교통 시설이 잘 발달되어 있지 않다.

02 〈보기〉와 관계 깊은 지역은?

| 〈보기〉 |
• 항구 도시
• 한국 최대의 국제공항
• 아시안게임 개최 도시

① 서울
② 인천
③ 부산
④ 제주

03 수도권에서 나타나는 문제로 옳지 <u>않은</u> 것은?

① 땅값이 비싸다.
② 주택이 부족하다.
③ 인구가 많아 물가가 싸다.
④ 자동차가 많아 길이 막힌다.

04 경기도에 대한 설명으로 옳은 것은?

① 9개 도 중에서 인구가 가장 적다.
② 여러 산업 중에 농업이 가장 발달하였다.
③ 버스와 달리 지하철은 서울과 연결되지 않았다.
④ 서울의 인구를 수용하기 위한 신도시가 발달해 있다.

05 〈보기〉에서 설명하는 도시는?

| 〈보기〉 |
국적이 서로 다른 사람들이 다양한 문화를 존중하며
함께 살아가자는 의미를 담아 만든 '국경없는 마을'
이 위치하고 있다.

① 이천
② 수원
③ 고양
④ 안산

06 수도권의 특징으로 옳지 <u>않은</u> 것은?

① 한국 최대의 국제공항이 있다.
② 바다와 맞닿아 있는 곳이 없다.
③ 한국 전체 인구의 약 절반이 살고 있다.
④ 인구와 산업이 집중되어 있어 도시 문제가 많다.

01 다음 글을 읽고, 아래의 질문에 대답하여 봅시다.

> 한국에서 수도권은 서울특별시와 그 주변에 있는 경기도와 인천광역시를 포함하는 지역을 말한다. 수도권의 면적은 한국 면적의 12% 정도인데 한국 인구의 절반 정도가 수도권에 모여 산다. 또한 수도권에는 주요 국가 기관, 대기업 본사, 언론 기관, 병원, 대학, 문화 시설 등이 집중되어 있다. 많은 사람들이 수도권에 모여 살면서 여러 가지 문제들이 나타나고 있다. 주택 부족, 교통 혼잡, 환경 오염 등이 대표적인 문제점이다. 그리고 수도권과 수도권이 아닌 지역 간에 불균형 문제가 발생하였다. 이러한 지역 불균형 문제를 해결하기 위해서 정부에서는 수도권 이외의 지역으로 인구와 기능을 분산시키는 정책을 시행하고 있다.

1) 한국에서 수도권은 어느 지역을 가리키나요?
2) 수도권의 장점과 단점은 무엇인가요?
3) 자신의 고향 나라의 수도권과 한국의 수도권을 비교해서 말해 보세요.

작문형

02 다음 내용을 포함하여 '대한민국의 수도'라는 제목으로 글을 쓰시오.

> • 대한민국의 수도는 어디입니까?
> • 대한민국의 수도는 어떤 특징이 있습니까?
> • 본인이 생각하는 대한민국의 수도는 어떤 모습이었으면 좋겠습니까?

작문 시험 답안지에 제목은 생략하고 본문만 쓰세요.

47 충청 지역

01 충청 지역에 대한 설명으로 알맞은 것은?

① 3개의 광역시가 속해 있다.
② 조선 시대부터 교통의 중심지였다.
③ 신라 시대의 문화유산이 많이 남아 있다.
④ 동쪽으로 바다, 서쪽으로 경상도와 접해 있다.

02 〈보기〉와 관계 깊은 도시는?

| 〈보기〉 |
• 대덕연구단지가 있는 과학 도시
• 1993년 세계과학엑스포가 열렸음

① 서울
② 부산
③ 광주
④ 대전

03 〈보기〉에서 설명하는 축제로 알맞은 것은?

| 〈보기〉 |
백제의 수도였던 충청남도 공주시와 부여군에서
개최되는 역사문화축제

① 백제문화제
② 보령머드축제
③ 금산인삼축제
④ 대전 사이언스 페스티벌

04 세종특별자치시에 대한 설명으로 옳은 것은?

① 충청남도에 속해 있다.
② 국토의 균형 발전을 위해 만들어졌다.
③ 중앙 행정기관이 아직 이전하지 않았다.
④ 국제공항과 KTX역이 있는 교통의 중심지다.

05 〈보기〉에서 설명하는 곳으로 알맞은 것은?

| 〈보기〉 |
• 대통령의 별장이었던 곳
• 2003년 일반인에게 개방되면서 관광지로 인기가 많음

① 청남대
② 청와대
③ 도담삼봉
④ 무령왕릉

06 충청도의 특징으로 옳지 <u>않은</u> 것은?

① 충청북도는 바다와 접하지 않는 지역이다.
② 충청남도는 삼국 시대 백제의 중심 지역이었다.
③ 남북국 시대 불교 문화의 중심지 역할을 하였다.
④ 충주와 청주의 앞글자를 따서 이름이 만들어졌다.

01 다음 글을 읽고, 아래의 질문에 대답하여 봅시다.

> 서울에 집중되어 있던 주요 행정부처의 일부가 세종특별자치시로 이전하였다. 2012년 9월 총리실 이전을 시작으로 기획재정부·공정거래위원회·환경부 등이, 2013년에 교육부·보건복지부·고용노동부 등이 세종시로 옮겨 왔다. 이어서 2014년 16개 중앙행정부처와 20개 소속 기관들이 이전을 마무리하면서 세종시는 행정중심복합도시로서의 위상을 갖추게 되었다. 정부에서는 행정기관을 이전함으로써 수도권에 인구 및 자원이 집중된 현상을 일부 해소하고 국토의 균형 발전에도 도움이 될 것으로 기대하고 있다.

1) 세종특별자치시로 옮겨 간 정부 부처를 3개 말해 보세요.
2) 세종특별자치시로 많은 정부 기관을 이전하면서 어떤 효과를 기대했나요?
3) 자신의 고향 나라에서 인구가 몰려있는 도시나 지역은 어디입니까? 그로 인해 어떤 문제가 나타납니까?

02 다음 내용을 포함하여 '새로운 도시를 만든다면'이라는 제목으로 글을 쓰시오.

> • 특별히 어떤 기능을 담당하는 도시를 만들고 싶습니까?
> • 그 이유는 무엇입니까?
> • 한국의 새로운 도시인 세종특별자치시와 그 도시를 비교해 보십시오.

작문 시험 답안지에 제목은 생략하고 본문만 쓰세요.

01 〈보기〉에서 설명하는 곳으로 적절한 것은?

───| 〈보기〉 |───

전라 지역 최대의 도시로 전라지역의 정치, 경제, 사회, 문화의 중심지로 발전해 왔다.

① 부산광역시
② 대구광역시
③ 대진광역시
④ 광주광역시

02 전라 지역에 대한 설명으로 옳은 것은?

① 호남 지역이라고도 불린다.
② 전라 지역에는 광역시가 없다.
③ 한국의 동남부에 위치하고 있다.
④ 전라 지역은 바다와 접해 있지 않다.

03 〈보기〉에서 설명하는 축제로 적절한 것은?

───| 〈보기〉 |───

한국 전통 음악과 세계 음악을 중심으로 하는 축제

① 남원춘향제
② 전주세계소리축제
③ 광주디자인비엔날레
④ 순천남도음식문화큰잔치

04 〈보기〉의 (가), (나)에 들어갈 말로 적절한 것은?

───| 〈보기〉 |───

전라도는 평야 지역에서 쌀을 많이 생산하고 있고, 바다의 양식장에서는 다양한 해산물을 생산하고 있다. 전라도는 이와 같이 풍부한 (가) 자원을 바탕으로 (나) 문화가 발달하였다.

	(가)	(나)
①	식량	민속
②	식량	음식
③	주거	음식
④	주거	민속

05 〈보기〉에서 설명하는 유적으로 적절한 것은?

───| 〈보기〉 |───

• 청동기시대의 대표적인 무덤 형식
• 전북 고창군과 전남 화순군에 많이 분포되어 있다.

① 갯벌
② 양식장
③ 고인돌
④ 한옥마을

06 전라도에 대한 설명으로 옳지 <u>않은</u> 것은?

① KTX 등 교통 시설이 발달하지 않았다.
② 여수에서는 세계 박람회를 개최하였다.
③ 중국과의 교류가 늘어나면서 무역이 발달하고 있다.
④ 서해와 남해의 양식장에서 다양한 해산물이 생산된다.

01 다음 글을 읽고, 아래의 질문에 대답하여 봅시다.

> 슬로시티(slow city) 운동은 무분별한 개발을 피하고 자연을 보호하면서 전통문화를 잘 지켜나가려고 노력하는 국제운동이다. 슬로시티는 '유유자적한 도시, 풍요로운 마을'이라는 뜻으로 느림의 삶을 추구한다. 바쁜 현대 도시와 달리 농경시대처럼 느리지만 편안하고 행복한 삶을 살 수 있는 마을을 만드는 것이 목적이다. 슬로시티 운동은 자연스럽게 관광 산업으로 연결되어 지역 경제 활성화에 도움을 준다. 한국에는 아시아 최초의 슬로시티로 지정된 전라남도 4개 지역인 담양, 장흥, 청산도, 증도를 포함하여 여러 지역에 슬로시티가 분포하고 있다.

1) '슬로시티 운동'이란 무엇입니까? 전라남도에서 슬로시티로 지정된 지역 1곳을 말해보세요.
2) 슬로시티의 장점은 무엇인가요?
3) 한국과 자신의 고향 나라 중에서 슬로시티 운동이 필요한 곳은 어디라고 생각합니까? 그 이유는 무엇입니까?

작문형

02 다음 내용을 포함하여 '내가 좋아하는 한국 음식'이라는 제목으로 글을 쓰시오.

> • 한국 음식 중에 무슨 음식을 좋아합니까?
> • 그 음식을 좋아하는 이유는 무엇입니까?
> • 자신의 고향 나라의 음식과 비교해 보십시오.

작문 시험 답안지에 제목은 생략하고 본문만 쓰세요.

01 대구광역시에 대한 설명으로 옳은 것은?

① 중화학공업이 크게 발달하였다.
② 분지라서 다른 지역에 비해서 더운 편이다.
③ 바다와 접하고 있어 수출과 수입에 유리하다.
④ 조선 시대의 유교 문화유산이 많이 분포되어 있다.

02 〈보기〉의 (가), (나)에 들어갈 말로 적절한 것은?

┌─────── | 〈보기〉 | ───────┐
경주는 [(가)]의 수도였던 곳으로 불국사, 석굴암
등 [(나)] 유적이 많이 분포되어 있다. [(가)]
천 년의 문화를 잘 보여주는 경주의 유적지는 유네
스코 세계 문화유산으로 지정되어 있다.
└────────────────────────────┘

	(가)	(나)
①	백제	유교
②	신라	유교
③	신라	불교
④	백제	불교

03 경상도에 대한 설명으로 옳지 <u>않은</u> 것은?

① 동쪽과 남쪽으로 바다를 끼고 있다.
② 울릉도와 독도는 경상 지역에 속한다.
③ 공업단지와 조선소가 많이 분포하고 있다.
④ 안동을 중심으로 조선시대의 불교 문화유산이 많다.

04 〈보기〉에서 설명하는 축제로 적절한 것은?

┌─────── | 〈보기〉 | ───────┐
매년 10월에 열리는 아시아 최대의 영화 축제
└────────────────────────────┘

① 한산대첩축제
② 부산국제영화제
③ 진주남강유등축제
④ 안동국제탈춤페스티벌

05 〈보기〉에서 설명하는 지역으로 적절한 것은?

┌─────── | 〈보기〉 | ───────┐
• 한국 제1의 무역항이며 제2의 도시
• 해운대, 광안리 등의 해수욕장이 유명하다.
└────────────────────────────┘

① 부산광역시
② 대구광역시
③ 대전광역시
④ 울산광역시

06 경상 지역에 대한 설명으로 옳은 것은?

① 2개의 광역시가 속해 있다.
② 백제의 불교 문화 유산이 많이 분포하고 있다.
③ 합천 해인사에는 조선왕조실록이 보관되어 있다.
④ 울산광역시는 한국에서 가장 큰 중화학공업 도시
이다.

01 다음 글을 읽고, 아래의 질문에 대답하여 봅시다.

> 경상 지역은 행정 구역상으로 경상북도와 경상남도를 비롯해 대구광역시, 부산광역시, 울산광역시가 속한다. 경상 지역은 일찍이 공업이 발달했다. 경상 지역과 접해 있는 동해와 남해는 수심이 깊어 원료의 수입과 제품의 수출에 유리한 대규모 항만을 만들기에 적합했다. 그래서 부산항, 울산항 등 여러 항만이 만들어졌고 항구를 이용할 공업단지와 조선소도 들어왔다. 1970년대 이후 중화학공업 육성 정책에 따라 중화학공업이 발달하게 되었다. 포항의 제철소나 울산의 조선소 및 자동차 공장 등이 이 지역의 대표적인 공업지역이다.

1) 경상 지역에 공업이 발달한 이유는 무엇입니까?
2) 항구 도시의 장점은 무엇입니까?
3) 자신의 고향 나라에 있는 대표적인 항구 도시와 한국의 항구 도시를 비교해 말해 보십시오.

작문형

02 다음 내용을 포함하여 '한국의 바다'라는 제목으로 글을 쓰시오.

> • 한국의 바다 중에서 가 본 곳이나 가 보고 싶은 곳은 어디입니까?
> • 한국의 바다에서 무엇을 해 봤습니까? 또는 무엇을 하고 싶습니까?
> • 자신의 고향 나라의 바다와 한국의 바다를 비교해 보십시오.

작문 시험 답안지에 제목은 생략하고 본문만 쓰세요.

01 제주도에 대한 설명으로 적절한 것은?

① 한국의 대표적인 관광지이다.
② 한국에서 두 번째로 큰 섬이다.
③ 한반도의 서쪽에 위치하고 있다.
④ 항만이 발달하였으며 공업지역이 많다.

02 〈보기〉의 (가), (나)에 들어갈 말로 적절한 것은?

| 〈보기〉 |

제주도는 세 가지가 많아서 ﹇ (가) ﹈라고 불린다.
돌, 여자, 바람이 그것이다. 고기를 잡으러 배를 타고
바다에 나간 남자들이 사고로 인해 돌아오지 못하고
여성들이 가장이 되는 경우가 많았다. 여성들은 주
로 ﹇ (나) ﹈이/가 되어 해산물을 채집하였다.

	(가)	(나)
①	삼다도	갯벌
②	삼다도	해녀
③	삼무도	해녀
④	삼무도	갯벌

03 강원 지역에 대한 설명으로 옳지 <u>않은</u> 것은?

① 고랭지 농업과 목축업이 발달하였다.
② 한반도 중앙의 동쪽에 위치하고 있다.
③ 겨울에는 스키장을 찾는 사람들이 많다.
④ 태백산맥을 경계로 호남 지방과 영남 지방으로 구분
된다.

04 〈보기〉에서 설명하는 축제로 적절한 것은?

| 〈보기〉 |

단오를 전후하여(음력 4월 5일부터 5월 7일까지) 강
원도에서 벌이는 축제로 풍년을 빌고 집안의 태평을
기원하였다.

① 강릉단오제
② 탐라문화제
③ 횡성한우축제
④ 화천산천어축제

05 〈보기〉에서 설명하는 지역으로 옳은 것은?

| 〈보기〉 |

• 2018년에는 동계 올림픽을 개최하였다.
• 매년 겨울이면 대관령 눈꽃 축제가 열린다.

① 독도
② 평창
③ 화천
④ 남이섬

06 제주도의 지형에 대한 설명으로 옳은 것은?

① 전라남도와 다리로 연결되어 있다.
② 성산일출봉은 지하에 있는 동굴이다.
③ 제주도는 화산활동으로 만들어진 화산섬이다.
④ 중앙에는 한국에서 가장 높은 산인 설악산이 있다.

01 다음 글을 읽고, 아래의 질문에 대답하여 봅시다.

> 구멍이 아주 많은 현무암은 제주도에서 흔히 볼 수 있는 돌이다. 이 현무암으로 만들어진 돌하르방은 제주도의 상징으로 제주도 여기저기에서 볼 수 있다. 돌하르방은 '돌로 만든 할아버지'라는 뜻으로 돌하르방의 형상을 보고 아이들이 붙인 이름이다. 이 이름이 널리 퍼지게 되어 정식 명칭이 되었다. 돌하르방은 왼손과 오른손의 위치에 따라 상징하는 인물이 다른데 돌하르방의 두 손은 반드시 가슴이나 배를 감싸고 있다. 돌하르방이 만들어진 이유는 읍성과 관련이 있다. 돌하르방은 읍성의 성문 밖에 세워두었던 것으로 주로 읍성을 지켜주는 수호신의 역할을 했을 것으로 추측하고 있다.
> ※ 읍성: 한 도시 전체를 성벽으로 둘러싸고 곳곳에 문을 만들어 외부와 연결하게 쌓은 성

1) 돌하르방은 무슨 뜻입니까?
2) 돌하르방은 무슨 역할을 했습니까?
3) 자신의 고향 나라에서 마을이나 가족을 지켜주는 것으로 생각되는 것이 있으면 이야기해 보세요.

02 다음 내용을 포함하여 '한국의 관광명소'라는 제목으로 글을 쓰시오.

> • 한국에서 가 본 곳 중에서 제일 좋았던 곳이 어디입니까?
> • 왜 그곳이 좋았습니까?
> • 자신의 고향 나라의 명소와 그곳을 비교해 보십시오.

작문 시험 답안지에 제목은 생략하고 본문만 쓰세요.

정답보기

제1편 사회

1. 한국의 상징
1.② 2.③ 3.④ 4.④ 5.② 6.②

2. 가족
1.④ 2.③ 3.① 4.① 5.④ 6.④

3. 일터
1.③ 2.③ 3.① 4.④ 5.④ 6.①

4. 교통과 통신
1.④ 2.③ 3.② 4.③ 5.② 6.②

5. 주거
1.③ 2.④ 3.④ 4.③ 5.② 6.①

6. 도시와 농촌
1.② 2.④ 3.① 4.③ 5.③ 6.②

7. 복지
1.① 2.③ 3.④ 4.② 5.③ 6.②

8. 의료와 안전
1.④ 2.② 3.③ 4.① 5.④ 6.②

제2편 교육

9. 보육 제도
1.② 2.① 3.② 4.④ 5.② 6.①

10. 초·중등 교육
1.④ 2.③ 3.① 4.④ 5.④ 6.②

11. 입시와 고등 교육
1.① 2.④ 3.③ 4.① 5.② 6.④

12. 평생 교육
1.③ 2.① 3.④ 4.② 5.④ 6.④

제3편 문화

13. 전통 가치
1.① 2.② 3.③ 4.④ 5.④ 6.①

14. 전통 의식주
1.② 2.④ 3.③ 4.③ 5.④ 6.①

15. 의례
1.④ 2.① 3.② 4.③ 5.② 6.④

16. 명절
1.④ 2.③ 3.② 4.④ 5.① 6.③

17. 종교
1.① 2.② 3.③ 4.④ 5.② 6.②

18. 대중문화
1.② 2.② 3.④ 4.① 5.② 6.④

19. 여가문화
1.② 2.③ 3.④ 4.③ 5.① 6.②

제4편 정치

20. 한국의 민주 정치
1.② 2.④ 3.② 4.③ 5.③ 6.④

21. 입법부
1.④ 2.② 3.① 4.② 5.③ 6.④

22. 행정부
1.③ 2.② 3.④ 4.② 5.② 6.②

23. 사법부
1.③ 2.① 3.④ 4.④ 5.② 6.④

24. 선거와 지방자치
1.② 2.④ 3.③ 4.③ 5.② 6.②

제5편 경제

25. 일상생활과 경제 활동
1. ③ 2. ② 3. ③ 4. ④ 5. ④ 6. ③

26. 경제 성장
1. ③ 2. ② 3. ④ 4. ③ 5. ② 6. ④

27. 장보기와 소비자 보호
1. ② 2. ④ 3. ② 4. ③ 5. ① 6. ②

28. 금융기관 이용하기
1. ② 2. ③ 3. ④ 4. ① 5. ③ 6. ④

29. 취업하기
1. ④ 2. ④ 3. ③ 4. ④ 5. ② 6. ④

제6편 법

30. 외국인과 법
1. ③ 2. ② 3. ③ 4. ④ 5. ③ 6. ④

31. 한국 체류와 법
1. ① 2. ③ 3. ② 4. ④ 5. ① 6. ④

32. 한국 국적과 법
1. ① 2. ③ 3. ① 4. ② 5. ③ 6. ②

33. 가족과 법
1. ④ 2. ④ 3. ② 4. ③ 5. ③ 6. ③

34. 재산과 법
1. ① 2. ④ 3. ③ 4. ③ 5. ① 6. ①

35. 생활 법률
1. ② 2. ③ 3. ③ 4. ① 5. ③ 6. ④

36. 범죄와 법
1. ② 2. ① 3. ④ 4. ① 5. ③ 6. ③

37. 권리 보호와 법
1. ④ 2. ④ 3. ② 4. ② 5. ④ 6. ②

제7편 역사

38. 고조선의 건국
1. ③ 2. ③ 3. ③ 4. ① 5. ④ 6. ④

39. 삼국 시대와 남북국 시대
1. ③ 2. ② 3. ④ 4. ② 5. ④ 6. ③

40. 고려 시대
1. ② 2. ③ 3. ② 4. ② 5. ③ 6. ③

41. 조선의 건국과 발전
1. ② 2. ④ 3. ④ 4. ② 5. ② 6. ②

42. 일제의 강점과 독립운동
1. ③ 2. ② 3. ④ 4. ① 5. ④ 6. ②

43. 한국의 역사 인물
1. ② 2. ① 3. ② 4. ③ 5. ② 6. ①

44. 한국의 문화유산
1. ② 2. ④ 3. ④ 4. ② 5. ② 6. ③

제8편 지리

45. 한국의 기후와 지형
1. ① 2. ② 3. ④ 4. ④ 5. ③ 6. ③

46. 수도권
1. ③ 2. ② 3. ③ 4. ④ 5. ④ 6. ②

47. 충청 지역
1. ② 2. ④ 3. ① 4. ② 5. ① 6. ②

48. 전라 지역
1. ④ 2. ② 3. ② 4. ② 5. ③ 6. ①

49. 경상 지역
1. ② 2. ③ 3. ④ 4. ② 5. ① 6. ④

50. 강원, 제주 지역
1. ① 2. ② 3. ④ 4. ① 5. ② 6. ③

연구진	설규주 (경인교육대학교 사회과교육과 교수)
	정문성 (경인교육대학교 사회과교육과 교수)
	김찬기 (한국이민재단 교육국 국장)

집필진	최수진 (한국다문화교육연구원 사회통합프로그램 강사)
	정현정 (동국대학교 국제어학원 한국어 강사)
	(전 사회통합프로그램 강사)
	옹진환 (한국교육과정평가원 부연구위원)
	방대광 (고려대학교 사범대학 부속고등학교 교사)
	박원진 (초당초등학교 교사)
	이바름 (인천지역경제교육센터 책임연구원)

사회통합프로그램[KIIP]
한국사회 이해 기본 탐구활동

법무부 사회통합프로그램 지정 교재
법무부 귀화적격시험 활용 교재

초판발행   2020년 12월 11일
13판발행   2024년 6월 30일

기획 · 개발   법무부 출입국·외국인정책본부

펴낸이   노현
펴낸곳   ㈜피와이메이트
            서울특별시 금천구 가산디지털2로 53 한라시그마밸리 210호(가산동)
            등록 2014.2.12. 제2018-000080호
전화   02)733-6771
팩스   02)736-4818
홈페이지   www.pybook.co.kr
e-mail   pys@pybook.co.kr

값   8,000원

ISBN   979-11-86140-35-2(14300)
            979-11-86140-34-5(set)